COUVERTURE SUPÉRIEURE ET INFÉRIEURE
EN COULEUR

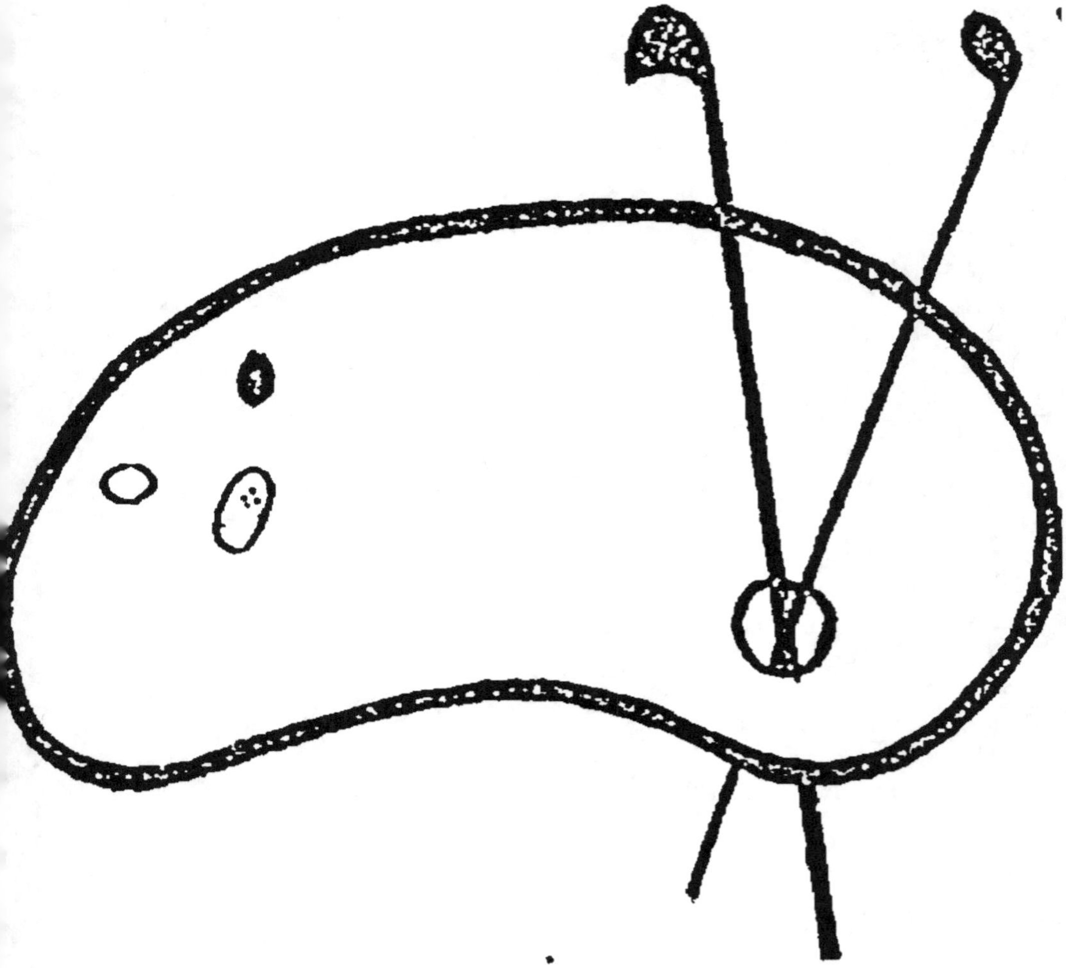

R
424
Seine & Oise
N° 10
1880

LA VRAIE

CLEF DES SONGES

8383-79 — CORBEIL. Typ et stér. Crété

LA VRAIE
CLEF DES SONGES

CONTENANT L'INTERPRÉTATION

DE TOUTES LES VISIONS

UN TRAITÉ

DE L'ART DE DEVINER LES PASSIONS

D'APRÈS LA CONFORMATION DU CRANE

les moyens de connaître

LE CARACTÈRE ET LES PASSIONS DES DAMES

PAR L'INSPECTION DES GRAINS DE BEAUTÉ

PAR

LACINIUS

PARIS

THÉODORE LEFÈVRE, ÉDITEUR

2, RUE DES POITEVINS, 2.

INTRODUCTION

Voici un livre que nous présentons aux lecteurs et qui est le fruit de longues et minutieuses études, aidées d'une profonde expérience. Nous n'avons pas la prétention d'être infaillible, mais d'approcher de la vérité autant que possible, et tous ceux qui auront consulté notre ouvrage en apprécieront l'exactitude. C'est aux sources les plus sérieuses que nous avons puisé nos renseignements, et ce n'est qu'après les avoir mûrement pesés que nous les avons publiés.

« Tout songe est mensonge, » dit le proverbe; ici il a tort. Sans remonter à l'antiquité, qui nous raconte les songes du pharaon d'Égypte expliqués par Joseph et si exactement réalisés ; ceux de Nabuchodonosor expliqués par Daniel, celui de Caïus Gracchus, e‘?., qui de nous, dans son entourage, n'a connu des personnes dont les songes se sont accomplis d'une manière surprenante ? J'en citerai un exemple. Une dame de mes amies avait un fils dans l'armée de Crimée en 1855 ; elle en recevait exactement des nouvelles et était dans une quiétude relative. Une nuit elle se réveille en proie à une telle angoisse, qu'on est obligé d'apporter de la

1

lumière dans sa chambre; en vain son mari, ses filles, s'empressent autour d'elle : elle sanglote, étouffe et ne peut parler; le jour lui amène un peu de calme; elle attend avec impatience le courrier qui devait lui apporter des nouvelles de son fils. Le courrier se passe sans lettres; on n'en reçut plus et, quelques mois plus tard, cette malheureuse dame apprenait au ministère de la guerre la mort de son fils ; il avait succombé jour pour jour, heure pour heure, à celle où elle avait éprouvé cet horrible déchirement de cœur.

Comment, après de tels exemples, nier les révélations des songes !

Il faut cependant avant de les interpréter voir dans quelles circonstances nos rêves ont été faits ; ainsi ceux que nous avons lorsque nous sommes malades n'ont pas de signification sérieuse, parce qu'ils résultent de la fièvre. Il en est de même de ceux qui suivent un repas trop copieux.

Mais ceux que nous pouvons écouter sont les songes que l'on fait vers le matin, parce qu'alors le corps et l'esprit étant complétement reposés et calmes, les visions sont distinctes, claires et significatives.

Puisse le lecteur tirer profit de notre ouvrage, et nous serons récompensé du temps, des peines et du travail qu'il nous a coûtés !

PHYSIOLOGIE

DES CARACTÈRES ET DES TEMPÉRAMENTS

JANVIER

LE VERSEAU

Ceux qui naissent sous ce signe sont bons, mais légers en affaires, et d'une timidité qui les rend impropres à toute entreprise sérieuse.

Les hommes, bruns de peau et de cheveux, auront les yeux bleus ; ils seront remarquablement beaux, et ne seront pas fats. Malheureusement, ils seront si défiants, si timorés, qu'ils manqueront leur bonheur à cause de leur indécision.

Les femmes seront brunes, petites, plus gracieuses que jolies. Elles aimeront la toilette, le clinquant, auront peu l'esprit d'ordre, mais se feront remarquer par leur amour maternel et leur fidélité conjugale. Elles auront beaucoup d'enfants. Hommes et femmes seront d'un tempérament bilieux.

FÉVRIER

LES POISSONS

Les personnes qui naissent sous ce signe sont d'un tempérament violent, emporté, irascible, sanguin.

Les femmes ne sont pas bonnes ménagères ; elles ont

l'humeur changeante et vagabonde ; leurs yeux et leurs cheveux sont noirs ; elles sont plus belles de corps que de figure.

Les hommes sont moins bruns, et leur esprit est moins violent ; leur caractère moins colère est aussi moins droit et moins franc.

S'il y a mariage entre deux personnes nées dans ce mois, l'union sera stérile, et le ménage vivra dans une discorde continuelle. Ils seront prodigues, et, bien que travailleurs et actifs, dissiperont leur patrimoine et leurs bénéfices.

MARS

LE BÉLIER

Ceux qui naissent sous ce signe ont des instincts pervers ; doués d'une grande intelligence, de beaucoup d'esprit, ils n'emploient ces dons naturels qu'à servir leurs passions, à satisfaire leurs caprices ; ils aiment le luxe, le plaisir, la table, l'argent, et ne veulent point se procurer la fortune par le travail ; aussi en voit-on qui vont jusqu'au crime pour s'épargner la peine et la fatigue d'une position laborieuse.

Hommes et femmes ont des dehors séduisants, la parole facile, entraînante ; ils se font aimer rapidement, et sont d'autant plus dangereux qu'ils ont une partie des qualités qu'ils simulent. Ils sont rarement blonds, et souvent myopes ; à la fois nerveux et bilieux.

AVRIL

LE TAUREAU

Les gens qui naissent sous ce signe sont d'un caractère ombrageux ; ils préfèrent la solitude à la société et manquent d'amabilité. Ils sont sobres, travailleurs infatigables, mais jaloux, emportés. Ils sont forts, trapus, d'une taille moyenne ; leurs cheveux sont châtains et leurs yeux noirs ; ils ont de grands pieds et de grandes mains.

Les femmes sont le modèle des ménagères et des mères de famille ; elles ont beaucoup d'enfants et les élèvent bien ; elles sont fidèles et constantes, douces et tendres, mais dépourvues le plus souvent de la grâce féminine ; elles ont en revanche une santé robuste, de l'embonpoint et un teint magnifique. Les hommes sont sanguins et les femmes lymphatiques.

MAI

LES GÉMEAUX

Ceux qui naissent sous ce signe sont généralement blonds et d'un tempérament délicat ; ils ont les yeux bleus, la vue tendre, la taille moyenne. Ils sont lymphatiques.

Les hommes sont bons, faibles même, et ont les goûts féminins ; ils aiment la vie intérieure et les plaisirs de la famille. Ils sont d'un caractère rêveur et peu entreprenant ; ils détestent le commerce et se plaisent aux travaux qui donnent une rétribution peu élevée, mais sûre ; ils font d'excellents employés ; leur probité les fait rechercher.

Les femmes sont petites et d'une grâce extrême ; elles sont excellentes danseuses ; ce sont des femmes d'ordre, de grandes travailleuses, mais la légèreté de leur esprit donnera bien des ennuis à leurs maris ; ils feront bien de les surveiller.

JUIN

LE CANCER

Ceux qui naissent sous ce signe sont d'un tempéra
ment sanguin, et sujets aux maladies cérébrales. Ils
sont vifs, mais doués d'un cœur excellent; bavards
mais spirituels; taquins, mais pas méchants.

Hommes et femmes sont fort habiles de leurs mains
mais peu disposés aux travaux de l'esprit; ce sont de
amis sûrs et dévoués, fidèles dans le bonheur comm
dans le malheur. Ils aiment le mouvement, le plaisir, dé
testent au contraire la solitude et l'isolement; les hom
mes seront châtains et les femmes blondes avec d
grands yeux noirs; les hommes seront petits et les fem
mes grandes et élancées; leurs yeux seront brillants e
spirituels; on recherchera leur société.

JUILLET

LE LION

Ceux qui naissent sous ce signe ont les passions vio
lentes, et rien ne leur coûte pour les contenter; l'amou
est leur principale occupation, leur but; sous des appa
rences délicates, ils cachent une santé robuste; ils éton
nent par le courage et la vigueur qu'ils déploient. Lors
qu'il s'agit de satisfaire leurs goûts, rien ne les rebute.

Les hommes sont petits, blonds, leurs yeux sont bleus,
leur taille élégante, leurs membres fins et nerveux; leurs
sourcils sont fournis et fortement arqués.

Les femmes sont minces, vaporeuses, bonnes danseu
ses, excellentes musiciennes, mais mauvaises mères de

famille, épouses infidèles ; elles feront bien de ne pas se marier, car elles feront de tristes femmes d'intérieur ; elles sont dépensières et désordonnées.

AOUT

LA VIERGE

Ceux qui naissent dans ce mois ont le corps et l'esprit lourds.

Les hommes, bruns et forts, aiment le commerce et y font généralement fortune. Ce sont des gens égoïstes, qui font de bons maris, mais de mauvais pères ; tenaces pour ce qui les concerne, ils sont d'une indifférence complète dès qu'il s'agit des autres et manquent absolument de complaisance et d'activité. Ils ont une santé de fer, mais la vue faible.

Les femmes sont de grandes travailleuses, mais elles manquent d'esprit et d'agréments ; elles n'aiment que la vie d'intérieur, excellent à faire la cuisine et ne connaissent aucun art ; elles préfèrent la campagne à la ville ; elles sont lymphatiques.

SEPTEMBRE

LA BALANCE

Il semble que l'égalité des jours et des nuits influe sur ceux qui naissent sous ce signe ; ils tiennent en tout le juste milieu, ne sont ni grands ni petits, ni beaux ni laids, ni bons ni méchants, ni bruns ni blonds, ni bêtes ni spirituels, ni paresseux ni travailleurs, ni riches ni pauvres ; il n'y a rien à dire ni pour eux ni contre eux ; leur santé est régulière ; ils ont des goûts ordinaires; jamais ils ne feront rien qui puisse faire parler d'eux; l'homme sera bon époux, bon garde national; la femme sera bonne épouse, bonne mère et bonne cuisinière; ils auront une existence calme, paisible, régulière, qui ne sera troublée que par les jeux de leurs nombreux enfants.

OCTOBRE

LE SCORPION

Ceux qui naissent sous ce signe sont d'un caractère léger, insouciant et frivole.

L'amour du plaisir domine toute leur vie; ils sont agréables en société, gais, enjoués.

Les femmes sont jolies, brunes aux yeux noirs, gracieuses et d'un léger embonpoint; elles ont du goût pour les arts et par la facilité de leur caractère se font aimer partout; mais elles manquent de franchise et de délicatesse et ne sont pas toujours épouses fidèles.

Les hommes font d'excellents diplomates, d'habiles avocats et de grands orateurs; malheureusement la vénalité les perd souvent.

Les femmes sont délicates de constitution avec toutes les apparences de la santé; elles atteignent rarement un âge avancé.

NOVEMBRE

LE SAGITTAIRE

Ceux qui naissent sous ce signe aiment la guerre et se querellent aisément; ils sont processifs, difficultueux.

Les hommes aiment passionnément la chasse et la pêche et négligent souvent leurs affaires pour ces occupations agréables ; ils aiment aussi les chevaux et le jeu et se ruinent souvent par des spéculations hasardeuses. Ils sont robustes grands et bien faits, mais ils manquent de distinction.

Les femmes au contraire sont élancées, gracieuses, idéalement jolies, blondes pour la plupart. Mais le plaisir et l'amour de la toilette les entraînent souvent à des fautes dont elles rougissent et souffrent amèrement dans leur vieillesse, car elles ont perdu l'amour de leurs enfants et la considération du monde.

DÉCEMBRE

LE CAPRICORNE

Ceux qui naissent dans ce mois sont d'un caractère inégal, tantôt triste et mélancolique, tantôt joyeux et gai. Ils naîtront avec des goûts artistiques que leur position ne leur permettra pas toujours de développer et ces vocations manquées feront qu'ils végéteront toute leur vie. Ils auront le goût des voyages et seront obligés de rester toujours au même endroit.

Les hommes seront d'une taille moyenne, les cheveux seront châtains, les yeux bleus gris, la physionomie expressive et mobile.

Les femmes seront grandes, blondes aux yeux noirs ; leur figure manquera de régularité, mais plaira par sa vivacité.

Hommes et femmes se distingueront par leur probité, leur intelligence, leur amabilité, leur amour de la famille ; leur tempérament sera nerveux. Ils seront d'une bonne santé et auront beaucoup d'enfants.

En général, il est mauvais que des gens nés sous le même signe se marient ensemble ; on doit, autant que possible, contrarier les tempéraments et les caractères : c'est le meilleur moyen d'obtenir de bons ménages.

CAUCHEMAR.

LA VRAIE
CLEF DES SONGES

ORACLE

DES RÊVEURS ET DES RÊVEUSES

A

Abaisser *quelqu'un*. — On aura des revers; — *être abaissé* est au contraire bon signe.

ABANDONNÉE.

Abandonner *son mari ou sa femme*. — Joie et plaisir; — *sa maison*, bénéfice certain; — *son état*, perte causée par la mauvaise foi; — *sa maîtresse*, bonheur prochain. — *Abandonné par ses amis*, malheur prochain; — *par ses supérieurs*, grande joie; — *par son amant*, réussite.

Abattement. — *Se sentir abattu*, nécessité de redoubler d'efforts pour réussir; la fortune vous arrivera si vous persévérez.

Abbé. — Trahison, déshonneur, santé perdue, femme compromise.

Abbesse. — Vous serez victime de l'ambition et de la malice de vos voisins; votre mari vous trompe; surveillez!

Abeilles. — *Si elles vous piquent*, perte importante; — *si elles entrent chez vous*, malheur prochain; — *si elles vont sur des fleurs*, réussite dans vos entreprises, gain considérable; — *si vous les voyez entrer dans leur ruche*, héritage prochain; — *si vous les tuez*, peste, ruine; — *si vous les donnez*, mariage avantageux; — *si vous recueillez un essaim*, fortune assurée.

Abhorrer. — *Si c'est vous qu'on abhorre*, vous éviterez les embûches de vos ennemis; *si c'est vous qui abhorrez*, vous succomberez sous les coups de vos ennemis.

Abîme. — Dangers courus d'autant plus grands que l'abîme vous semblera plus profond; — *être supendu au-dessus*, maladie prochaine.

Aboiement. — *Entendre aboyer un chien*, vous gagnerez votre procès; — *Entendre un chien aboyer à la lune*, quelqu'un réclamera votre aide; — *plusieurs chiens furieux aboyant après vous*, redoutez la folie.

Abondance. — *Rêver qu'on est dans l'abondance* signifie sécurité trompeuse; — *la partager avec une femme*, ruine imminente.

Abordage. — *Voir deux navires s'aborder;* nouvelle inespérée et heureuse; vous serez satisfait de votre rendez-vous.

Abreuvoir. — *Voir des chevaux s'y baigner*, grandes joies prochaines; — *y voir un âne*, procès gagné; — *abreuvoir desséché*, mystère.

Abri. — *En chercher un*, présage funeste; — *en trouver un* signifie qu'on sortira triomphant des embûches et des piéges.

Abricotier. — *Le voir couvert de fruits mûrs*, bonheur constant et facile; — *de fruits verts*, grandes difficultés à surmonter; — *dépouillé de fruits*, revers, pertes.

Absent. — *Rêver d'un absent*, chagrins domestiques, héritage qui vous est ravi.

Absinthe. — *En boire*, chagrin suivi de joie ; — *en acheter*, présage d'amour.

Abstinence. — Présage de bonheur; signe d'une trop grande fécondité.

Acacia *en fleurs*. — Bonnes nouvelles; — *en feuilles*, difficultés à surmonter.

Académie. — Ennui, tristesse, vieillesse précoce.

Acajou. — Vous ferez une maladresse qui vous fera manquer votre but; — *lit en acajou*, mariage manqué.

Accablement. — Voyez **Abattement**.

Accapareur. — Défiez-vous de ceux qui vous entourent; serrez votre argent; craignez d'être déshérité.

Accès *de fièvre*. — Vos enfants vous ruineront; — *de folie*, faveurs passagères; — *de toux*, indiscrétions de la part de vos serviteurs.

Accident. — *En être témoin sans y prendre part*, craignez une humiliation d'autant plus grande que l'accident sera plus grave ; — *si vous portez secours*, un riche héritage vous attend; — *si celui à qui arrive l'accident est un ami*, redoutez sa trahison; — *si c'est à vous qu'arrive l'accident*, succès certain dans ce que vous entreprenez.

Acclamations. — Votre vie est en danger.

Accouchement. — *S'il est facile*, bonheur durable; — *difficile*, ruine de vos ennemis; — *si le nouveau-né est un garçon*, présage de grandes fatigues; — *si c'est une fille*, fin de tous vos chagrins; — *si ce sont des jumeaux*, grande richesse; — *rêver qu'on accouche d'un animal*, présage la mort d'un animal.

Accroc. — Peine légère; — *dans les bois*, cherchez un parrain.

Accumuler. — Vos projets sont contraires a vos véritables intérêts.

Accusation. — *Être accusé par une femme*, bonne nouvelle; — *par un homme*, suivez les conseils qu'on vous donne; — *accuser quelqu'un*, tourments, inquiétudes; — *voir un accusé*, trahison, tromperie.

Achats. — *Si c'est à vous qu'on achète*, craignez une perte d'argent; — *si c'est vous qui achetez*, soyez plus économe.

Acier. — Votre commerce prospérera; votre femme vous sera fidèle.

Acteur. — Vous regretterez les plaisirs que vous prenez.

Actrice. — On en veut à votre bourse; le repos de votre ménage sera troublé; méfiez-vous d'une grande femme blonde.

Adieu. — *Le dire*, repos d'esprit, tranquillité; *le recevoir*, tourment, retour qui vous contrariera.

Adjudant. — *En voir un*, vive contrariété.

Adjudication. — Difficultés dans vos affaires.

Adoption. — Richesses pour l'âge mûr; *adopter un militaire*, gare les suites !

Adorer.—*Dieu*, paix de l'âme; — *ses enfants*, soyez sévère envers eux.

Adresse, ruse. — Vous parviendrez aux plus hautes dignités, aux plus grandes richesses.

Adversaire. — *S'il vous regarde*, il vous vaincra; — *s'il vous tourne le dos*, vous serez victorieux.

Adultère. — *Si vous en êtes la victime*, signe de bénéfice; — *si c'est vous qui le commettez*, vos projets seront contrecarrés; — *si vous le voyez commettre*, réjouissez-vous.

Adversité. — *Si c'est vous qui en êtes atteint*, c'est signe que vous n'êtes pas assez charitable; — *si ce sont vos amis qui sont malheureux*, prenez courage, vos embarras touchent à leur fin.

Affaires. — *En faire de mauvaises,* les vôtres tourneront bien; — *en faire de bonnes,* vos idées tourneront à la religion en vieillissant.

Affiches. — *Les lire,* vous faites un travail ingrat qui ne vous rapportera rien; — *les coller,* on vous fera une réclamation inattendue et désagréable.

Affliction. — *Si c'est vous qui en êtes atteint,* les méchants triompheront de vous.

Affront. — Vous recevrez un cadeau.

AFFUT.

Affût. — *Être à l'affût,* on vous tend des embûches; vous n'obtiendrez rien d'elle.

Agneau. — *En voir,* consolation dans vos souffrances ; — *en tuer*, vous serez victime d'une lâcheté ; — *si vous en voyez un troupeau*, ménage heureux ; — *s'ils vous caressent*, vous aurez beaucoup d'enfants ; — *si vous voyez un agneau enragé*, votre ménage sera troublé par des orages et des querelles ; — *manger de l'agneau*, heureuse vieillesse.

Agonie. — *Si c'est vous qui êtes à la mort*, vous hériterez bientôt ; — *si c'est un parent*, vous serez frustré d'un héritage ; — *si c'est un inconnu*, bénéfice inespéré.

Agrafes. — *Si vous rêvez que vous en achetez*, vous aurez la jambe cassée ; — *que vous en vendez*, vous serez trompé ; — *que vous en trouvez*, vous avez des craintes chimériques ; — *que vous les faites craquer*, vous épouserez une femme très-grosse.

Agriculture. — Vous jouirez d'un bonheur sans mélange.

Aïeux. — Vous êtes menacé d'un procès de famille.

Aigles. — *S'ils planent au-dessus de votre tête*, vous perdrez vos cheveux ; — *s'ils vous sautent à la figure*, vous mourrez de mort violente ; — *s'ils vous élèvent dans leurs serres*, vous parviendrez aux plus hautes dignités ; — *si vous en tuez un*, vous n'avez rien à craindre des hommes.

Aiguilles *à coudre*. — Longues tracasseries ; — *à tricoter*, vous serez victime de médisances ; — *si vous en êtes piquée*, élargissez votre ceinture.

Ail. — *En sentir*, vous aurez des révélations surprenantes sur des choses mystérieuses ; — *en manger*, vous ferez une maladie dangereuse.

Air. — *Si l'air est pur*, tout ce que vous entreprendrez vous réussira ; — *s'il est brumeux*, soyez prudent ; — *s'il est agité*, vous courez des dangers sérieux ; — *s'il est froid*, vous perdrez un ami sincère.

Alcôve. — Vous irez en prison ; vous appellerez maman et maman ne viendra pas.

Aliments. — *Rêver qu'on prépare des aliments an-*

nonce une demande en mariage; — *si on vous les offre,*
vous aurez beaucoup d'enfants; — *si les aliments se*
changent en or et en argent, vous serez volé; — *si vous*
ne pouvez manger, guérison prochaine d'une maladie
qui vous inquiète.

ALLAITER.

Allaiter. — Présage de bonheur et de prospérité.

Allemagne. Allemand. — Perfidie, tromperie,
gloutonnerie, cruauté.

Allumettes. — *Rêver qu'on en brûle,* vous êtes
trompé par votre femme ou votre mari.

Aloès. — *Rêver qu'on en mange,* chagrins amers.

ALOUETTES.

Alouettes. — *Les entendre chanter,* gaieté, richesse ; — *les voir s'envoler*, grands succès ; élévation rapide.

Alphabet. — *Si vous le voyez complet*, vie calme et heureuse ; — *incomplet*, alternative de succès et de revers.

A, signifie mort, catastrophe ;
B, passion, ambition ;
C, croyance religieuse ;
D, sagesse, fermeté ;
E, mariage ;
F, travail ;
G, liberté, divinité ;
H, justice, propreté ;
I, J, imperfections ;
L, bonheur futur ;
M, malheur, mort, souffrances ;
N, fertilité, voyages ;
O, pardon ;
P, veuvage ;
Q, gaieté, savoir ;
R, courage ;
S, erreur ;
T, amour divin, patriotisme ;
U, hardiesse ;
V, espoir ;
X, ennemis ;
Y, voyage pénible ;
Z, bonheur éternel.

Amandiers. — *Amandes amères*, amitié sûre ; — *manger des amandes vertes*, votre famille vous ruine.

Amadou. — Méfiez-vous, il a le cœur aussi brûlant avec toutes les femmes.

Amant, amante. — *Si vous voyez celui que vous aimez, calme, serein, beau*, c'est qu'il vous est fidèle ; — *s'il est pâle, défait, rêveur*, il vous trompe. — *Si votre amant vous quitte*, ne craignez rien ; — *s'il vous caresse*, tromperie.

Amazone. — Quelqu'un qui vous sera funeste prend sur vous trop d'empire ; votre femme portera la culotte.

Ambassadeur. — Défiez-vous de ceux qui gèrent vos affaires, ils vous trompent

Ambition. — Les voitures vous seront fatales ; évitez les voyages sur mer.

Ambre. — *Voir un collier d'ambre*, un de vos enfants sera malade ; — *sentir l'ambre*, vous êtes trahi dans vos amours.

Ambulance. — *La voir encombrée de blessés*, mort prochaine ; — *voir les blessés en convalescence*, vous aurez des nouvelles de quelqu'un que vous croyez mort.

Ame *qui monte au ciel.* — Vous perdrez votre bonheur par votre faute.

Amende. — *Si c'est vous qui la payez,* bénéfice assuré; — *si vous y faites condamner quelqu'un,* faillite, perte de procès.

Amérique. — Vous ferez des affaires profitables; vous acquerrez une vie indépendante.

Ameublement. — *S'il est riche,* vanité punie, déceptions; — *pauvre,* amours malheureux; — *si on vous en donne un,* rompez de suite.

Ami. — *Voir votre meilleur ami,* rappel pour que vous suiviez ses conseils, vous êtes en danger; — *voir vos amis réunis* indique une mort prochaine ou un mariage; — *rêver d'un ami mort,* héritage prochain.

Amiral. — *Voir un amiral* signifie que vous ferez de mauvaises affaires.

Amnistie. — Vous aurez des surprises agréables en rentrant chez vous.

Amour. — Bonheur complet; — *amour d'un brun ou d'une brune,* danger sérieux qui vous menace; — *d'une blonde,* vos fournisseurs vous trompent; — *d'un châtain,* chance de devenir fou; — *rêve d'amour partagé,* redoutez vos rivaux; — *amour repoussé,* bon signe, vous serez heureux.

Amusement. — Plus l'amusement sera grand, plus vous aurez à redouter l'issue de votre prochain voyage.

Anatomie. — Vous serez guéri de vos maladies.

Anchois. — Vous ferez une pêche abondante.

Ancre. — Vous recevrez une lettre d'un pays lointain.

Andouille. — Vous tomberez dans la misère; — *si vous refusez d'en manger,* vous échapperez à l'infortune; — *si vous en tenez une,* bonheur complet.

Ane. — *Si vous l'entendez braire*, médisance et calomnie; — *si l'âne est gris*, votre femme vous trompe;
— *s'il est blanc*, vous recevrez une lettre avec de
l'argent; — *s'il est noir*, vous aurez une querelle et
vous recevrez des coups; — *s'il rue*, allez chez le phar-
macien.

AMOUR.

Anévrisme. — Arrivée d'un ami absent depuis longtemps.

Ange. — *Les voir voler*, vos richesses s'accroîtront.

Angelus. — *L'entendre sonner*, ne retardez pas le
voyage que vous voulez faire.

Angleterre. — Le commerce vous donnera l'indépendance que vous souhaitez.

Angoisse. — Votre sort sera prochainement fixé.

Anguille. — *Si vous la voyez vivante*, défiez-vous
de la femme que vous aimez; — *si elle est morte*, de

grands chagrins vous attendent ; — *si elle vous échappe,* déception d'amour.

Animaux. — *Les voir en troupeau* est un présage très-heureux ; abondance, bonheur, richesse ; — *les voir isolément,* nouvelles d'un absent ; — *leur donner à manger,* grande fortune ; — *s'il vous-semble qu'ils vous parlent,* malheur certain et prochain.

Amis. — Apportez de plus grandes précautions dans la direction de vos affaires ; donnez moins de temps à votre plaisir ; ne voisinez pas tant : on vous guette.

Anneau. — Mariage prochain ; — *en trouver un,* on vous trompe ; — *en briser un,* vous serez infidèle ; — *en avoir un au doigt,* bonheur en ménage.

Anniversaire. — *En fêter un,* vous aurez des querelles de famille.

Antiquités. — Vous atteindrez une grande et heureuse vieillesse ; vous ferez de riches héritages.

Apothicaire. — Vous ferez une maladie longue, mais peu dangereuse.

Apparition. — Vous ferez une chute.

Appétit. — *En avoir,* des amis que vous aimez vont s'éloigner ; — *en manquer,* vous recevrez de mauvaises nouvelles ; — *avoir un appétit immodéré,* vous vous fatiguerez vite.

Appeler. — *Rêver qu'on appelle quelqu'un,* vous perdrez un de vos amis ou de vos parents ; — *si c'est vous qu'on appelle,* présage funeste ; — *si la voix vous manque pour appeler,* voyez le médecin, votre santé est mauvaise.

Appointements. — *Les recevoir,* bonne chance ; — *les perdre,* misère prochaine ; — *les voir augmenter,* nouvelles d'un ami très-éloigné.

Apprentissage. — Vos ennuis ne dureront pas.

Approvisionnement. — Vous perdrez votre patrimoine par de mauvaises entreprises.

Aplatir. — *Si c'est vous qui aplatissez quelque chose,* vous réussirez dans votre vengeance; — *si c'est votre ennemi qui aplatit,* vous serez bafoué et moqué.

Apoplexie. — Vous êtes menacé dans vos intérêts; ne vous absentez pas souvent du soir au matin.

Aqueduc. — Vous ferez un riche héritage.

Araignée. — Vous serez trompé.

Arbitrage. — Comptez sur la protection de gens puissants.

Arbre *debout.* — Votre fortune est en bon chemin; — *abattu,* vos intérêts sont menacés; — *touffu,* vous aurez beaucoup d'enfants; — *en fleurs,* votre santé sera bonne; — *couvert de fruits,* vous réussirez dans vos entreprises; — *dépouillé de feuilles,* votre vie sera semée d'écueils; — *en couper un,* mariage manqué.

Arc. — *Tirer de l'arc,* redoutez les mauvais amis; — *manquer le but,* vous serez bafoué.

Arc-en-ciel. — Vos ennuis n'auront pas de durée.

Archevêque. — Vous avez de puissants ennemis qui travaillent dans l'ombre.

Architecte. — Votre maison a besoin de réparations sérieuses.

Archives. — Vous aurez des ennuis à propos de baux et de fermages.

Ardoises. — Vous trouverez des obstacles auxquels vous ne vous attendez pas.

Arêtes. — Vous ne prendrez pas de poisson; on vous donne de mauvais conseils.

Argent. — *En compter,* vous serez volé ou perdrez votre bourse; — *en voir,* vous ne ferez pas les rentrées sur lesquelles vous comptiez; — *en lingot,* placez bien vos économies.

Argenterie. — *La serrer,* on vous l'empruntera et on ne vous la rendra pas.

Armée *victorieuse.* — Vous serez ruiné; — *vaincue,* votre peine sera de peu de durée; — *rangée en ba-*

taille, vos biens seront dilapidés par vos parents et vos amis.

Arme *blanche*. — Trahison, perfidie ; — *à feu*, vous ne serez pas malade de longtemps.

Armoire *pleine*. — Richesse ; — *vide*, vous êtes trompé ; — *armoire à glace*, doutez des promesses que l'on vous fait ; — *renversée*, il est temps de marier votre fille.

ARMURIER.

Armurier. — Prenez de grandes précautions quand vous sortez ; évitez les voyages.

Arpentage. — Soignez vos papiers d'affaires, on veut vous faire un procès.

Arrestation. — *Voir arrêter quelqu'un*, un de vos amis est en danger ; *être arrêté*, vous éprouverez un affront qui vous causera les plus vifs désagréments ; — *arrêter quelqu'un*, vous recevrez de mauvaises nouvelles.

Arrhes. — On vous fera un cadeau qui vous coûtera cher.

Arrivée. — Vous recevrez de bonnes nouvelles; — *inattendue*, fermez bien votre porte.

Arroser. — Vos récoltes seront bonnes.

Arsenic. — Il y aura un crime dans votre pays.

Artichauts. — Vous serez contrarié dans vos projets.

Artifice (*feu d'*). — Vous parviendrez aux plus hautes fonctions; une destinée brillante vous est réservée.

Artillerie. — Cette triste affaire fera beaucoup de bruit.

Artiste. — Vous serez blessé dans vos goûts et vos habitudes par vos parents.

Ascension *d'une montagne.* — Bonheur éphémère.

Asperges. — Grandes joies domestiques.

Asphyxie. — Vos terres seront inondées; vos intérêts seront compromis.

Aspic. — Vous aurez une méchante femme.

Assassinat. — Vous acquerrez des richesses inespérées.

Assemblée. — *Voir une grande réunion*, vous présage tristesse et solitude.

Asseoir (*s'*). — *Rester assis*, présage une vie agitée et tourmentée.

Assiette. — *Voir une pile d'assiettes*, bon présage; *casser une assiette*, vous ferez une chute.

Assignation. — Vous recevrez une lettre anonyme qui sera la source de grands malheurs; défiez-vous de votre jalousie.

Association. — Vous n'aurez pas d'enfants.

Assoupissement. — Votre violence vous sera fatale.

Assurance. — Vous êtes menacé d'un incendie.

Asthme. — Trop de repos est nuisible à vos intérêts.

Astronomie. — Tout marchéra au gré de votre désir.

Atelier *vide.* — Vous perdrez votre emploi.

Attacher. — On vous prépare des piéges.

Attelage. — Vous aurez bientôt un enfant.

Attendre. — Vous vous faites des illusions, vous perdez votre temps.

Attouchement. —La sagesse se tire de tous les dangers; vous n'aurez rien de ce que vous croyez si bien tenir.

Aube *du jour.* — Bonheur sans mélange.

Aubépine. — Vos amis vous aiment sincèrement; votre femme est fidèle !

Auberge. — Vous découvrirez un trésor; vos affaires prospèrent rapidement; vous serez ainsi pour vous-mêmes.

Audience. — Vous faites des démarches qui n'aboutiront à rien.

Auge. — Revenez à des mœurs meilleures.

Aumône. — *La faire*, vous tomberez dans la misère ; — *la recevoir*, héritage.

Aumônier. —Un de vos amis est menacé de la prison.

Automate. —, Vos enfants auront la laideur et la malice du singe.

Autruche. — Les envieux cherchent à ruiner votre crédit; vous êtes trop naïve, il vous en cuira.

Avaler. — Évitez de manger du poisson.

Avanie. — On vous prendra des vêtements.

Avarice. — Vos enfants vous ruinent.

Avenue. — Vous aurez une entrevue avec la personne que vous désirez.

Aveugle. — Ceux que vous prenez pour des amis sont des traîtres.

Avocat. — Craignez les bavards; fuyez le petit brun, il vous trompe avec ses promesses.

Avoine. — Vos richesses seront comparables aux

grains d'avoine ; — *en manger*, l'amour vous fera faire des folies.

Avortement. — Votre amour est sans espérance, c'est un coup d'épée dans l'eau.

B

Babil. — Défiez-vous de votre chien, il deviendra enragé ; votre femme sera triste.

Bac. — La sécheresse fera du tort aux récoltes.

Badaud. — Vous aurez une dispute et des dents cassées.

Badiner. — Vous aurez beaucoup d'enfants.

Bagage. Vous ferez de nombreux voyages.

Bagarre. — Vous aurez une femme querelleuse.

Bague. Voir Anneau.

Baguette. — Vos secrets sont surpris.

Bail. — Vous avez de dangereuses liaisons.

Bain *en pleine eau*, longue vie ; — *dans une baignoire*, maladie ; — *bain de pieds*, grand voyage.

Baïonnette. — Victoire assurée.

Baiser. — *Le donner*, réussite en amour ; — *le recevoir*, surprise agréable ; — *les mains*, bonne fortune ; — *le derrière*, humiliation prochaine.

Bal. — Mariage prochain ; — *masqué*, celle que vous aimez vous trompe.

Balai. — Vous vous casserez une jambe dans la rue.

BALAI.

Balance. — Justice vous sera rendue ; équilibrez vos recettes et vos dépenses.

Balançoire. — Mariage heureux, et beaucoup d'enfants. — *Si c'est une femme qui se balance*, il y en a une qui vous enverra promener.

Balcon. — Votre position tend à s'élever.

Baldaquin. — Un malheur vous menace.

Balle. — Vous ferez une recette inattendue.

Ballon. — Vous vous lancez dans des entreprises au-dessus de vos moyens.

Banc *de bois.* — Position modeste, mais sûre; — *de fer*, redoutez la sévérité de vos patrons; — *de gazon*, méfiez-vous de Ferdinand!

Bancal. — *En voir un*, présage de richesse.

BALANÇOIRE.

Bandage. — La faiblesse de votre caractère vous perd

Bandeau. — Vos serviteurs vous trompent; — *en avoir un sur les yeux*, vous serez heureux en femme.

Bannière. — Évitez le contact des grands.

Bandits. — Votre fortune sera promptement faite.

Banque. — Résistez à votre penchant pour la dépense, il vous perdra; — *faire sauter la banque*, voyage à Monaco.

Banqueroute. — Ne jouez jamais, vous vous y ruineriez.

Banquet. — Mort prochaine d'un de vos ennemis.

Baptême. — Vos affaires vous entraînent dans de longs voyages et vous trouverez du nouveau au retour.

Baquet *plein.* — Chagrin; — *vide*, bonheur.

Baraque. — Votre enfant est joueur.

Barbe *longue.* — Heureuse vieillesse; *noire,* existence laborieuse; — *rouge,* chagrins domestiques; — *si une femme rêve qu'elle a de la barbe,* elle sera la maîtresse dans sa maison; — *si elle tire la barbe à son mari,* ah! le pauvre homme!...

Barboter. — Vous serez victime de la brutalité de vos voisins.

Barbouiller. — Si vous continuez, craignez le déshonneur.

Baril *plein.* — Abondance; — *vide,* on vous gruge.

Barque ou **bateau.** — Profits nombreux et faciles, fidélité de vos amis; existence calme et heureuse.

Barricades. — Querelles de famille; mauvaises affaires.

Barrière. — Amour rompu.

Bas. — Affront; — *mettre ses bas,* argent perdu; — *les ôter,* vous recouvrerez votre aisance : — *les perdre*

BAS.

adieu la fleur d'oranger; — *les retourner,* vous ne ferez jamais accroire que votre vertu n'a pas eu d'accroc; — *bas rapiécés,* vos malheurs finiront; — *bas percés,* votre paresse est la cause de vos malheurs.

Basilio. — Votre espoir sera trompé.

Basse-cour. — Votre persévérance dans le travail vous donnera l'aisance.

Bassin. — Vous aurez sous peu une surprise très-agréable.

Bassinoire. — Vous aurez un entourage ennuyeux, s'y vous n'y prenez garde.

Bataille. — Mauvais augure; cancans, querelles, chagrins d'amour.

Bâtard. — Amour et tendresse.

Bâtir. — Vous vous élèverez grâce à votre travail et à votre persévérance.

Bâton. — Vous rencontrerez des résistances inattendues; — *s'appuyer sur un bâton*, ne négligez aucune précaution.

Battoir. — Un malheur subit vous frappera.

Battre *quelqu'un.* — Vos amours seront découverts; — *être battu*, vous découvrirez des secrets qui vous seront désagréables.

Baudrier. — Vous vous fatiguez pour rien.

Baume. — L'amitié guérira les blessures de l'amour.

Bazar. — Vous dispersez trop vos ressources, vous n'arriverez à rien.

Bavardage. — On vous rendra de ce côté la monnaie de votre pièce.

Beauté. — Votre jalousie vous fera haïr.

Bécassine. — Votre affection est mal placée.

Bêche. — Ne vous découragez pas, vous atteindrez votre but un jour ou l'autre.

Bègue. — Votre fils sera un grand orateur.

Beignets. — Vous serez réuni à ceux que vous aimez, prenez patience.

Bêlement. — Bavardages inoffensifs.

Belle-fille. — Trahison, passion coupable, mais bien agréable.

BELLE-FILLE.

Bénédiction. — Mort d'une personne aimée.

Bénitier. — Vous serez invité à un mariage.

Béquilles. — Malheur prochain, secours inattendus ; l'amour ne vous réussira pas.

BÉQUILLES.

Berceau *d'enfant.* — Fécondité extraordinaire ; méfiez-vous ; — *de jardin,* mystère.

Berger. — Mariage prochain et heureux.

Besace. — Vous tomberez dans une misère complète.

Betterave. — Richesse par le commerce ; vous lui plaisez par la douceur.

Beurre. — *En battre,* naissance d'un fils ; — *en manger,* naissance d'une fille bossue.

Bibliothèque. — Vous fatiguez trop votre esprit, craignez la folie.

Bitume. — Attachement qui vous sera fatal.

Bivouac. — Vous ferez à l'étranger un voyage qui vous sera profitable.

Blanc. — *En être vêtu*, mort ou maladie.

Blanchissage. — On réparera les torts qu'on a eus envers vous.

Blason. — Grands bonneurs.

Blé. — Abondance, fortune par le travail et l'économie; calme et bonheur, fidélité, joie, abondance.

Bière, *boisson*. — Fatigue sans profit; — *cercueil*, grandes espérances.

Bijoux. — *En donner*, faux-semblants d'amitié; — *en recevoir*, amour trompé; — *en perdre*, vous serez déshonorée.

Billard. — Votre femme vous trompe.

Billet *de loterie*. — Réussite, si vous pouvez lire les numéros; perte, si les numéros sont illisibles; — *lettre*, changement de position.

Blessure. — *En faire*, soupçons injustes, perfidies; — *en recevoir*, bon signe, réussite dans ses entreprises; — *en panser*, services payés par l'amour; — *une femme qui rêve qu'elle est blessée* fera un riche héritage.

Bleu. — Vous serez aimé pour vos cheveux.

Blond. — Amour dans la maison.

Blouse. — Votre absence nuit à vos intérêts.

Bœufs *attelés*. — Union heureuse, paix intérieure; — *gras*, richesse, fortune, prospérité; — *maigres*, revers, fatigues, inquiétudes.

Bohémiens. — Amusements, distractions.

Boire *de l'eau fraîche*. — Heureux présage; — *du vin*, ivresse; — *de l'eau trouble*, malheurs.

Bois. — Vous recevrez dans la journée une visite désagréable.

Boisseau *vide*. — Vos intérêts sont compromis; — *plein*, vous recevrez de l'argent.

Boîte *ouverte*. — Vous vous marierez prochainement; — *fermée*, votre mariage souffrira de grandes difficultés.

Boiter. — *Voir un boiteux*, vous vous foulerez la jambe.

Bombe *qui éclate.* — Un grand malheur vous menace.

Bonbons. — Redoutez ceux qui vous flattent.

Bonheur. — Vos espérances seront trompées.

Bonnet. — Vous avez des amitiés dangereuses; — *le jeter*, vous savez ce qui vous en arrivera.

Borgne. — Redoublez de vigilance.

Borne. — On se rit de votre crédulité.

Bosse, Bossu. — Tout vous réussira.

Boston. — Vous employez mal votre temps.

Bottes. — Querelles, jalousies, cancans; — *en voir sous un lit*, bonheur partagé.

BOTTES.

Bottines. — Vous courrez après, mais vous ne les attraperez pas.

Bouc. — Votre affection est mal placée, elle vous déshonore.

Bouche. — Ne croyez pas les médisances; on en veut à ce que vous aimez.

Boucher *quelque chose.* — Vous pénétrerez le mystère qui vous environne.

Boucherie. — Purgez-vous, le sang vous gêne, vous ferez des bêtises.

Boucles *de cheveux.* — Succès et bonheur; — *de souliers,* revers.

Bouder. — Vous vous réconcilierez avec celui ou celle que vous aimez.

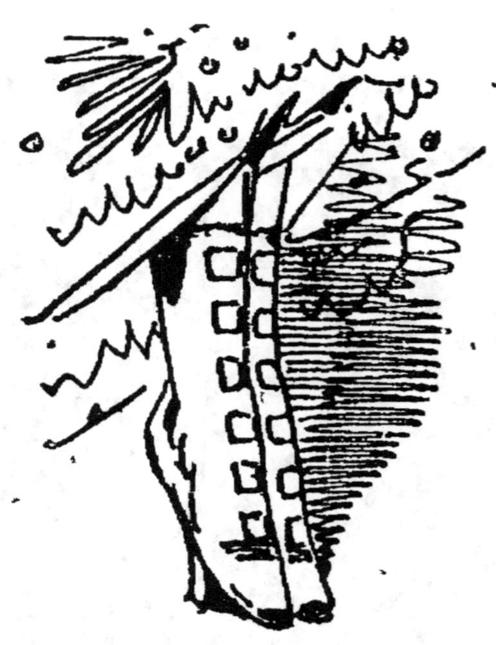

BOTTINES.

Boudin. — Il est temps de vous retirer des affaires.

Boudoir: — Vous êtes trop légère dans votre conduite, cela fait causer.

Boue. — Soyez plus entreprenant et tout vous réussira.

Bougie *allumée.* — Bonheur, réussite; — *éteinte,* mort, maladie.

Boulanger. — Il est temps de faire des économies.

Boule. — Le plaisir causera votre ruine.

Bouleau. — Chassez votre mélancolie, elle nuit à votre santé.

Boulevart. — Vous serez invité à la noce.

Bouleversement. La coquetterie est mauvaise conseillère.

Bouillon. — Améliorez votre nourriture.

Boulet. — Un grave événement se prépare; vous êtes menacé d'un mariage.

Bouquet. — Vous aurez une maladie de peau.

Bouquetière. — Vos hommages ne seront pas acceptés; vous n'aurez pas ce que vous attendez.

BOUQUETIÈRE.

Bourdonnement. — Vous vous effrayez inutilement.

Bourrelets. — Vous n'aurez qu'un amour platonique, ne cherchez pas autre chose.

Bourrache. — Vous aurez une mauvaise fièvre.

Bourreau. Un grand crime sera commis dans votre localité.

Bourse. — *En trouver une*, vous perdrez de l'argent; — *en perdre une*, vous ferez un héritage.

Boussole. — Vos enfants seront marins.

Bouteille. — Vous mènerez une vie dissipée.

Boutique. — Le commerce vous sera fatal.

Boutons. — Vous ferez une prompte fortune.

Boutonnière. — Vous recevrez une déclaration d'amour.

Bouvreuil. — La joie régnera dans votre maison.

Boyaux. — Vous avez des dispositions pour la musique; cultivez-les.

Bracelets. — On vous tend des piéges.

Braconnier. — Vous hériterez de grands biens.

Braise. — Vous êtes aimé d'un amour ardent.

Brancard. — Il vous arrivera un accident dans la rue.

Branchages *secs.* — L'hiver sera rude; — *verts*, craignez la solitude des bois.

Brandebourgs. — Vous épouserez un militaire.

Bras. — Amitié sincère; — *maigres*, maladies, pertes; — *gras*, plaisirs, richesses; — *coupé*, veuvage; le bras droit représente l'homme, le gauche la femme.

Brasserie. — Vous êtes enclin à la paresse.

Brebis. — Le travail vous procurera la richesse.

Brevet. — Succès en affaires.

Bréviaire. — Sagesse et piété.

Brides. — Vous serez longtemps en tutelle.

Brigands. — On vous enlèvera un héritage.

Brioche. — Vous aurez une indigestion.

Brique. — Vous gagnerez de l'argent dans le bâtiment.

Briser. — Votre santé est en danger.

Brocard. — Vous voulez trop briller.

Brocanteur. — Vous ferez de mauvaises affaires.

Broche. — Vous ferez un travail pénible, mais fort bien payé.

Brochet. — Vous serez mordu par un chien.

Broc. — Vous êtes enclin à l'ivrognerie.

Brodequins. — Voyez **Bottines.**

Broderies. — La chance vous reviendra bientôt.

Bronze. — Vous avez le cœur trop dur, laissez-vous aller.

Brosse. — C'est par votre ordre et votre propreté qu'on s'attache à vous.

Brouette. — Il est nécessaire de faire un voyage.

Brouillard. — Vos amis vous trompent.

Brouille. — Faites les premiers pas, réconciliez-vous.

Brouter. — Vous serez quelque temps dans la gêne.

Bru ou **Belle-fille.** — On a pour vous une affection sincère.

Brûler. Querelles domestiques, maladies dangereuses.

Bûcheron. — Réparez vos fautes.

BUCHERON.

Buis. — Vous perdrez un de vos parents.

Buisson. — Vos affaires sont embrouillées, prenez un bon conseil.

Bureau. — On vous soustraira une lettre importante.

Burin. — Vous épouserez un artiste.

Busc. Votre mariage sera bientôt fait ; — *le casser*, mariage rompu, quoique presque consommé.

Buste. — Vous arriverez à un haut emploi.

But. — Avec de l'adresse et de la persévérance, vous arriverez; — *le manquer*, soyez donc plus entreprenant, on vous attend.

Buttes. — Redoutez les chutes, les plus douces sont souvent les pires.

C

Cabale. — Vous aurez beaucoup de plaisirs dans le monde; on vous recherchera.

Cabane. — Votre bonheur sera modeste, mais durable.

Cabaret. — Vous aurez beaucoup d'enfants.

Cabinet. — Votre femme ne vous sera pas fidèle; — *particulier*, votre maîtresse vous quitte.

Câbles. — Vous recevrez des nouvelles d'amis que vous croyez morts.

Cabriolet. — Vous voulez trop gagner, vous perdrez certainement.

Cachemire. — Votre coquetterie vous perdra.

Cachet. — Votre secret est mal gardé.

Cachot. — Évitez les confidences dangereuses.

Cadavre. — Vous recouvrerez une bonne santé.

Cadeau. — Vous perdrez vos dents.

Cadran. — Vous vous levez trop tard, l'amour est plus matinal.

Cadre. — Méfiez-vous des beaux visages.

Café. — Vous serez lâchement abandonnée.

Cage. — *En acheter une*, vous courez risque d'être emprisonné; — *mettre un oiseau en cage*, bonheur à deux.

Cailles. — Hâtez-vous de payer vos dettes.

Cailloux. — Vous êtes trop avare.

Caisse. — Limitez votre luxe et votre dépense.

Calcul. — Vous réussirez dans le commerce.

Caleçon. — Tromperie, mensonge ; — *voir un homm*
en caleçon, vos amours manqueront de poésie.

Calomnie. — Vos fautes sont découvertes.

Calotte. — Vous courez de grands dangers, vo
vous en tirerez par votre prudence.

Camp. — Vous serez bientôt décoré.

Camphre. — Mariage d'inclination, longue vie, im
puissance.

Canal. — Vous quitterez votre pays.

Canapé. — Marques d'affection qui auront des suites ; vous ne serez jamais couronnée rosière.

Canards. — Vous recevrez une lettre anonyme.

Canif. — Rupture de mariage, infidélités, querelles

Cantiques. — *En chanter*, vie paisible et régulière.

Carafe. — Modérez votre appétit.

Carnage. — Vous perdrez quelqu'un de votre famille

CANCANS.

Cancans. — On veut faire manquer votre mariage

Cartes. — Vous serez dupé ; on trahira vos secrets
vous serez victime des médisants.

Cascade. — Riche mariage.

Casserole. — Votre gourmandise sera satisfaite.

Catacombes. — Préparez-vous à la mort.

Cavalier. — Vous recevrez des nouvelles importantes, ou vous ferez une chute.

Cave. — Vous fréquentez de mauvaises sociétés qui nuisent à vos intérêts.

Caverne. — Ne vous embarquez pas dans des affaires véreuses.

Ceinture. — Vous ferez un mariage d'inclination; *si vous faites ce rêve étant marié*, signe d'infidélités conjugales.

Cendres. — Vous recevrez de tristes nouvelles.

Cent. — Ce nombre est d'un heureux présage, vous réussirez dans ce que vous entreprendrez dans cette journée.

Cerceaux, Cercle. — Vous triompherez des obstacles qui vous entourent; — *cercle rompu*, mariage mal assorti.

Cercueil. Vous êtes sous le coup d'un profond chagrin, la consolation ne se fera pas attendre.

Cerf. — Votre amour aura une mauvaise fin; votre front ressemblera à celui de cet animal.

Cerf-volant. — Vous poursuivez des projets inutiles, vous n'aurez qu'une gloire stérile.

Cerises. — Il y aura une naissance dans votre famille.

Chagrin. — Ressentir un violent chagrin en rêve est signe qu'une agréable surprise vous attend au réveil.

Chaînes. — Vous aurez des revers de fortune.

Chaise. — Vous aurez une vie calme et paisible; — *rompue*, vous resterez fille.

Chambre. — *Être seule dans une chambre nue*, abandon, privations, chagrin.

Champ *inculte*. — Malheur, ruine; — *cultivé*, richesse certaine par un travail assidu.

Champignons. — Votre vie sera longue, mais vous ferez fréquemment de petites maladies.

Chandelier. — Vous ferez prochainement un héritage.

Chandelle. — *En tenir une*, on prend votre amoureux et vous ne vous en apercevez pas; — *allumée*, réussite dans les affaires; — *éteinte*, revers, insuccès.

Chant. — Vous épouserez difficilement celui ou celle que vous aimez.

Chapeau. — Vous aurez l'emploi que vous désirez; redoutez les rhumes.

Chapelet. — On méconnaîtra votre caractère; on vous accablera d'injures.

Chapelle. — Vos prières seront exaucées.

Charbon. — Examinez votre conduite et faites promptement un retour sur vous même.

Chardon. — Votre paresse vous conduira au déshonneur

Charpentier. — Accroissement de famille.

CHARRETTE.

Charrette. — Vous aurez un procès que vous perdrez.

Charrue. — Ayez bon espoir, vous réussirez.

Chasse. — Vous réussirez au delà de vos espérances.

CHAT.

Chat. — Vous serez trompé par vos amis; — *chat enragé*, vous serez attaqué par des voleurs.

Château. — Votre ambition vous perdra.

Chaudron. — Vous recevrez de bonnes nouvelles de la campagne.

Chaufferette. — Vous ferez un mariage de raison.

Chauve. — Mauvaise chance; arrêtez-vous, il est encore temps.

Chauve-souris. — Vous découvrirez un trésor.

Chemin *droit et uni.* — Fortune facile; — *tournant*, difficultés à vaincre; — *montagneux*, les hommes d'affaires vous ruineront.

Chemin de fer. — Ce n'est qu'à l'étranger que vous ferez votre fortune.

Cheminée. — Joie et bonheur.

Chemise. — Bonne santé; — *si vous rêvez que l'on vous voit sans*, votre vertu est en danger.

Chenet. — Vous êtes menacé d'une grave maladie.

Chenille. — Mauvaises récoltes, pertes d'argent.

Cheval. — Vous serez à la tête d'un établissement ; les voyages seront nécessaires au succès de vos entreprises ; — *en vendre un*, mauvaises affaires causée par l'insouciance ; — *en acheter un*, accroissement dans vos affaires ; — *cheval mort*, un danger vous menace ; — *blanc*, bonnes nouvelles.

Cheveux *noirs*. — Santé et richesse ; — *blonds* amours faciles ; — *blancs*, amitié sûre ; — *longs*, faiblesse, mollesse ; — *courts et mêlés*, querelles, combats ; — *frisés*, amour ardent ; — *voir tomber ses cheveux*, maladie longue et douloureuse ;—*les voir pousser* accroissement de fortune.

Chêne. — Inconstance, mais vive tendresse.

Chien. — Amitié sincère ; — *enragé*, union mal assortie ; — *qui aboie*, calomnie.

Chiffonnier. — Les petites affaires sont les plus sûres.

Chirurgien. — Vous aurez un membre cassé en voyage.

Chouettes. — Deuil de famille, mais héritage.

Choucroute. — Beaucoup de travail pour peu de profit ; changez d'industrie.

Choux. — Mariage prochain ; — *fleurs*, faites-vous mettre de fausses dents.

Chûte. — Ne portez pas de talons trop hauts.

Cicatrice. — Vous êtes ingrat pour lui.

Ciel *serein*. — Bonheur sans mélange ; — *brumeux* affaires embarrassées ; — *en feu*, signe de maladie pauvreté ; — *étoilé*, beaucoup d'enfants ; — *monter au ciel*, mort dans la famille.

Ciel de lit. — Inconduite, folles amours.

Cierge *allumé*. — Signe de mariage ; — *éteint*, mort prochaine.

Cigales, Sauterelles. — Votre bavardage vous fera manquer votre fortune.

Cigare. — Prodigalité, temps perdu.

Cigogne. — Mariage prochain et trop heureux : vous aurez huit enfants.

Ciguë. — Craignez d'être empoisonné, ne mangez pas de champignons

Cimetière. — Vous partirez pour un long voyage.

Ciseaux. — Brouille d'amoureux, querelles de ménage, mauvaises affaires.

Citadelle. — Vous gagnerez votre procès ; vous ferez succomber une vieille fille maigre.

Citerne. — Il y aura une grande sécheresse.

Citrouille. — Vous recevrez de bonnes nouvelles ; guérison de maladie, raccommodements.

CLEFS.

Clef. — Naissance et mariage ; — *en voir un trousseau,* vous êtes menacé d'un grand danger.

Cloche. — Mauvais augure, trahison, incendie, mort.

Clocher. — Succès dans vos entreprises ; voyages, élévation rapide, mariage d'inclination.

Cloître. — Vous vivez trop dans l'isolement, cela nuit à vos intérêts.

Clou, Clouer. — On dit du mal de vous, la légèreté de votre conduite le motive ; une grande maladie vous menace.

Cochers. — On vous dira des grossièretés et de
insolences.

Cochons. — Mauvaise conduite, gloutonnerie, indigestion ; méfiez-vous de votre voisin, ses intention
ne sont pas pures.

COCHON.

Cocons. — Vous recevrez un beau cadeau.

Cœur. — Maladies dangereuses, perfidies, trahison, chagrins d'amour, blessures, déceptions.

Coiffure. — Mettez plus d'ordre dans vos affaires ;
soyez moins coquette ; vous excitez la jalousie.

Colère. — Vous manquerez de persévérance, vos
rivaux triompheront de vous.

Colimaçon. — Vous perdrez votre place par votre
paresse ; l'amour vous fera porter des cornes.

Colle. — Vous tomberez dans la misère.

Colique. — Vous aurez des contrariétés dans votre
intérieur ; votre mari aura toujours des prétextes pour
vous refuser ce que vous désirez.

Collége. — Soignez l'instruction de vos enfants; instruisez-vous, travaillez et vous arriverez.

Col, Collerette *de femme.* — Vanité, dépenses inutiles; — *déchirée*, il est trop tard; — *d'enfant*, bonheur, paix du ménage; — *de jeune fille*, mariage heureux;

Collier. — Défiez-vous des apparences, elles sont trompeuses; ne vous engagez pas légèrement.

Colombes. — Plaisirs honnêtes · mariage avec un blond très-ardent.

COLIMAÇON.

Colonne. — Votre bonne réputation vous vaudra une belle position.

Colosse. — Vous réussirez dans votre entreprise, grâce à un protecteur puissant.

Combat. — Mariage manqué, rupture d'amitié, querelles domestiques.

Comédie. — On veut vous tromper, mais c'est vous qui profiterez de la tromperie.

Comité. — Vous perdrez une parente éloignée dont vous hériterez.

Commander *quelqu'un.* — Payez vos dettes, il n'est que temps.

Commerce. — Votre intelligence vous procurera la fortune, ou du moins une honnête aisance.

Compère, Commère. — Vous aurez de beaux enfants, mais vous en aurez trop.

Commissaire. — Il se commettra un vol dans votre maison.

Commissionnaire. — Votre confiance est bien placée; continuez à être probe.

Commode. — Vous aimez trop l'argent, cela peut vous entraîner à de vilaines actions.

Communion. — Vous perdrez un de vos proches.

Compas. — Rhumatismes, courbature, lombago.

Complainte. — *La chanter ou l'entendre chanter*, très-mauvais signe.

Compliment. — On vous trompe, on ne vous aime point; on en veut à votre argent; croyez plutôt dans la parole franche et un peu rude.

Compote. — Vous êtes menacé d'une maladie de poitrine grave; n'attendez pas trop tard pour consulter.

Comptoir. — Vous êtes trop aimable, on ne croit pas à votre amitié; soyez plus naturelle; vous hériterez d'une petite maison de commerce dont les bénéfices seront modestes, mais sûrs.

Concert. — Vous êtes trop enclin au luxe, vous ruinerez votre maison ; la discorde règnera dans votre intérieur; vous épouserez un musicien ou une musicienne; vos enfants auront une belle voix.

Concombres ou Melons. — Mieux vaut douceur que violence; vous aurez de fréquentes indigestions.

Concierge. — Vous n'aurez pas la place que vous souhaitez, des médisances en seront cause; vous hériterez d'une maison.

Conciliation. — Vous perdrez de l'argent par votre négligence.

Condamné. — *En voir un*, bon signe, vous gagnerez un procès; vous ferez un mariage malheureux.

Conducteur. — Vous êtes trop aimable, on doute de vous : ayez plus de réserve.

Conduite. — *La faire à quelqu'un*, vous serez long à vous faire une bonne position.

Confesseur. — Mettez ordre à vos affaires.

Confidence. — *En faire*, une imprudence vous privera d'une riche succession; — *en recevoir*, vous recevrez une lettre de la plus haute importance.

Confiture. — *Les manger*, grande joie de famille; — *les faire*, l'hiver sera rude, faites des provisions.

Confusion. — Vos parents seront cause de votre ruine.

Conquête. — Des amis puissants vous feront arriver à ce que vous ambitionnez.

Conscrit. — Vous serez frappé dans vos plus chères affections; un militaire vous causera toutes sortes de contrariétés.

Conseil. — *En donner*, méfiez-vous des bavardages; — *en recevoir*, amitié perdue; — *de guerre*, vous dissiperez votre fortune; — *d'actionnaires*, vous placez votre argent dans des affaires hasardeuses.

Comique. — Ne suivez pas les mauvais conseils, ils vous empêcheront d'atteindre votre but.

Conserves. — Vous vous ferez une position grâce à votre économie, à votre ordre.

Consigne. — Votre caractère impérieux vous empêche d'être aimé.

Consolation. — Vous recevrez une lettre qui vous rassurera complétement sur le sujet qui vous inquiète.

Consommer. — Vous mourrez d'une gastrite si vous ne vous corrigez de votre intempérance.

Constance. — Les autres partagent les sentiments que vous éprouvez pour eux.

Constipation. — Vous faites trop d'économies, vous détruirez votre santé.

Consultation *d'avocat*. — Vous perdrez votre procès; — *de médecin*, à force de vous traiter pour des maladies imaginaires, vous vous rendrez malade.

Conte. — Vous parlez trop, on se rit de vous.

Contentement. — On ne vous rendra pas ce qu'on vous a pris ; une grande déception vous est réservée.

Contrariété. — Mille plaisirs vous sont réservés.

Contrat. — Vous manquez de hardiesse, cela nuit à votre réussite.

Contravention. — Vous ferez une chute dangereuse: ne sortez pas aujourd'hui.

Contrebande. — Des faillites vous feront perdre votre position ; vous serez trompé sur les appas de votre femme ou sur la fortune de votre mari.

Contre-poison. — Rendez-vous manqué, brouille, contrariétés.

Contrevents. — Mettez une excessive prudence dans vos relations.

Contribution. — Vous avez une bonne renommée, de la considération: conservez-les par votre bonne conduite.

Convalescence. — Votre fortune ira en progressant; vous ferez un bon mariage ou un bel héritage.

Convives. — Vous faites de mauvaises entreprises et placez vos fonds légèrement.

Convulsion. — Vous serez victime d'une attaque nocturne; une personne qui vous est chère recouvrera la santé.

Copie. — Une bonne écriture vous fera trouver un emploi bien rétribué.

Copeaux. — Vous vous donnez beaucoup de mal pour rien; craignez le feu.

Coq. — Votre activité vous attirera toutes sortes de bonheurs; — *combat de coqs*, querelles, disputes à propos de femmes; méfiez-vous d'un vieux décoré.

Coquelicot. — Plaisirs champêtres, joies naïves.

Coqueluche. — La santé régnera dans votre famille.

Coquetterie. — Chagrins domestiques causés par des amis.

Coquillage. — Vous dépenserez beaucoup d'argent pour aller au loin chercher un héritage qui n'en vaut pas la peine; — *en ouvrir un*, vous trouverez un objet rare.

COR DE CHASSE.

Cor. — *L'entendre*, vous êtes aimé sincèrement; la chasse vous sera fatale; — *en jouer*, vous vous ferez détester par votre bavardage; vous aurez des chagrins d'amour.

Cors aux pieds. — Mille tourments empoisonneront votre existence.

Corail. — Vous ferez votre fortune à l'étranger.

Corbeau. — Signe de deuil et de douleur; non-réussite; maladies.

Corbeille. — Vous aurez beaucoup d'enfants; votre mari sera travailleur; le bonheur régnera dans votre intérieur.

Corbillard. — Signe de mort ou de maladie longue et dangereuse.

Corde. — Longue et heureuse vie, santé régulière, fortune modeste.

Cordeau. — Vous êtes menacé de faire de mauvaises affaires.

Cordonnier. — Existence laborieuse et peu fortunée, vieillesse tranquille.

Cornes. — Affront, infidélité; vous en ferez porter, mais on vous le rendra avec usure.

Cornet. — Vous vous ruinerez si vous jouez.

Corniche. — Placez vos fonds sur des propriétés foncières.

Cornichons. — Si vous abusez des spiritueux, vous ruinerez votre santé; -- *en manger*, vous épouserez un imbécile.

Corps *d'homme.* — Réussite; —*de femme,* dépense; — *d'enfant,* santé; — *de garde*, ruine.

Correcteur. — Vous ferez votre fortune en dix années.

Corridor. —Vous faites de fausses spéculations; ne vous engagez pas dans des affaires véreuses.

Corroyeur. — Une fourrure retrouvée vous procurera de puissants protecteurs.

Corset. — Infidélités, mauvaises mœurs; — *corset noir*, trop grande abondance; — *corset blanc*, plus d'apparence que de réalité.

Corsage. — Coquetterie, dépense, désordre.

Cortége. — Vous serez bientôt entouré de vos amis et de vos parents.

Cosaques. — Ruine, désastre, incendie, viol.

Côtes, Côtelettes.— Vous aurez un enfant infirme; vous aurez une maladie d'estomac.

Coton. — Tromperie, vol; vous vous faites gloire de ce que vous n'avez pas.

Couleurs. — Coliques, empoisonnement.

Couleuvres. — Voir **Serpents.**

Coups. — *En donner*, votre colère vous sera funeste; — *en recevoir*, honte, querelles.

Couperet. — Votre caractère tranchant vous vaudra bien des peines.

Coupure. — Voyez **Blessures.**

Cour. — Soyez bon et hospitalier.

Courage. — Vous aurez plus d'honneurs que de profits.

Courge. — Votre espérance sera déçue.

Courir. — *Vouloir courir et ne pas pouvoir :* vous aurez de grands obstacles à surmonter.

Couronne *de fleurs.* — Plaisirs nombreux et faciles; — *de mariée*, mort.

Course. — Vous ferez un grand voyage pour rien.

Courtier. — Ne vous en rapportez qu'à vous du soin de vos affaires.

Cousin, *insecte.* — Calomnie, — *parent*, mariage.

Couteau. — désunion, inimitié.

Couturière. — Mariage d'inclination, bal masqué, plaisirs mondains.

Couvent. — Ennui; une maladie vous retiendra longtemps à la chambre.

Couvercle. — Indiscrétions, bavardages.

Couvert d'argent. — Vous serez parrain ou marraine d'ici peu.

Couvreur. — Votre ambition causera votre chute.

Crainte. — Soignez votre santé ou vous tomberez malade.

Crampe. — Héritage perdu par vol.

Crapaud. — Dégoût, mauvaise digestion, calomnie.

Cravache. — Vous serez battu ou blessé par un cheval.

Crayon. — Vos enfants seront des artistes distingués.

Créancier. — Mettez de l'ordre dans vos affaires.

Crémaillère. — Vous aurez des voisins désagréables.

Crêpe, *voile*, — Deuil, mort; — *gâteau*, noces, festins; méfiez-vous, le champagne vous rendra faible et on voudra en abuser.

CRÊPE.

Cresson. — N'abandonnez pas votre industrie.

Crevettes. — On vous traite de pique-assiettes.

Creux. — On vous tend des embûches.

Crier. — *Vouloir et ne pas pouvoir crier*, mauvais signe · un grand danger vous menace.

Crime. — Vous êtes menacé dans vos affections et dans votre fortune.

Crocodile. — Vous perdrez un de vos parents à l'étranger.

Croisée. — Vous ferez votre fortune en construisant des maisons.

Croix. — Honneur et profits; coquetterie et dépense.

Crucifix. — Un héritage vous sera ravi par les manœuvres de vos ennemis.

Cruche. — Vous briserez un objet de prix; votre maladresse causera vos malheurs.

Cuiller. — On se moque de votre avarice.

Cuir. — Vous ferez votre fortune dans le commerce des bestiaux.

Cuirasse. — Vous mourrez de mort violente.

Cuisine. — L'aisance sera la conséquence du plus ou moins d'ordre avec lequel vous tiendrez votre maison.

Cuivre. — Empoisonnement; ne vous fiez pas aux apparences.

Culbute. — Gêne momentanée; monsieur le maire est là, mais ne vous y fiez pas.

Culotte. — Inconduite, désirs déshonnêtes.

Culture. — Le travail vous donnera l'aisance.

Curé. — Consolation, mort prochaine.

Curieux. — Vous faites trop légèrement vos confidences à des indifférents.

Cuve, Cuvette. — Ne prenez pas trop de médicaments; fermez vos rideaux le soir, et méfiez-vous des curieux.

Cygnes. — Rappelez-vous l'histoire de Léda.

Cymbales. — Vous aimez trop l'uniforme.

Cyprès. — Deuil de famille, mort d'un parent ou d'un ami.

D

Daim. — Un vieux monsieur voudrait vous faire la cour ; prenez garde, on veut vous faire aller.

Dais. — Vous ne ferez pas de maladies dangereuses.

Damas. — Le goût du luxe vous perdra.

Dame. — La société des femmes est agréable, mais dangereuse : méfiez-vous-en.

Dames *(jeu).* — Vous vous livrez à des combinaisons inutiles ; agissez toujours avec franchise et droiture, vous vous en trouverez bien.

Damnés. — Votre mélancolie vient d'une maladie que vous couvez : soignez-vous.

Danger. — Vos projets réussiront d'emblée.

DANSEUSE.

Danseur, Danseuse. — La joie et la gaieté règneront dans votre maison ; un mariage se prépare.

Dartres. — Vous sauverez la vie à quelqu'un qui vous récompensera généreusement.

Date. — C'est de votre exactitude à remplir vos promesses que dépend votre position.

Dé *à coudre*. — Vous êtes poursuivi par une piqueuse de bottines : mais, nouveau Joseph, vous la repousserez ; — *à jouer*, vous vous ruinerez si vous jouez aux jeux de hasard.

DÉ A COUDRE.

Débat. — Vos concurrents l'emporteront sur vous.

Débâcle. — Richesse pour le pauvre ; misère pour le riche.

Débauche. — Votre conduite met obstacle à votre établissement.

Débordement *d'eau*. — Votre santé a besoin de grands soins : soignez-vous, il est encore temps.

Débris. — La fatalité vous poursuit, vous ne la vaincrez qu'à force de persévérance.

Décence. — Vous aurez un affront en public ; votre mari ne la respectera pas.

Décès. — Voyez **Mort**.

Déchirer. — Les travaux abonderont dans votre maison.

Décision. — N'en prenez pas à la légère ; pourtant ne laissez pas passer l'occasion.

Déclaration. — *En faire*, vous serez dupé en amour ; — *en recevoir*, on vous tend un piége.

Déclamer. — Défiez-vous des gens de théâtre.

Décoiffer. — Des ennuis, de vives contrariétés vous attendent; vos amis se moquent de vous.

Décoration. — La vanité vous perd; revenez à des sentiments plus en rapport avec votre position; un ami puissant vous aidera.

Découdre. — Vous réussirez par le travail.

Découper. — Santé chancelante, mais longue vie.

Découragement. — Vous aimez plus que vous n'êtes aimé; vous avez trop d'ambition.

Découvrir. — Une riche succession vous sauvera.

Décrocher. — Il y aura une faillite et une vente dans votre maison; achats avantageux, gains faciles.

Décrotteur. — Ruine, perte de procès.

Dédain. — Vous êtes trop fier, vous ne vous ferez pas aimer.

Déesse. — Vous ne vivez pas assez dans la réalité, vous vous faites de fausses illusions.

Défense. — Coquetterie, espoir trompé.

Défiance. — Mauvais présage.

Défiguré. — Vous plairez plus par vos qualités que par votre figure; craignez les chiens enragés; n'ayez pas de chat chez vous.

Défricher. — C'est dans les colonies que vous ferez fortune.

Dégagement. — C'est en vain que vous cachez la vérité; la solitude vous est mauvaise.

Dégât. — Votre ruine est prochaine, à moins que vous ne gagniez votre procès.

Dégeler. — Affliction, ruine, décès.

Dégradation. — Celui qui s'élève sera abaissé.

Dégraissage. — Vous ferez un héritage qui vous causera bien des tourments.

Dégringoler. — Agissez avec la plus grande prudence et la plus grande loyauté, sans quoi, vos projets seront renversés.

Dégueniller. — A la pauvreté succèdera la fortune; faites l'aumône, cela vous portera bonheur.

Déjeuner. — Méfiez-vous du vin blanc, il sera cause de votre défaite.

Délicatesse. — Vous ferez une maladie de courte durée, mais la convalescence sera longue;

Délices. — Vous abusez de tous les plaisirs.

Délire. — Vous êtes trop sérieux, vous rendez la vie monotone à tous ceux qui vous entourent.

Délivrance. — Vous rentrerez en possession d'objets que vous croyiez perdus; vous aurez deux jumeaux.

Déluge. — L'année sera humide, vous attraperez des rhumatismes.

Démangeaison. — Il vous arrivera prochainement de l'argent.

Déménagement. — Il surviendra de grands changements dans votre position; prenez garde, c'est un volage.

Démenti. — Vous aurez une querelle avec une personne que vous aimez beaucoup.

Démolition. — On vous léguera une propriété qui vous coûtera fort cher de réparations.

Dénonciation. — Vous vous livrez trop légèrement; redoutez les indiscrétions.

Dentelles. — Vous serez volé dans votre commerce; l'amour du luxe causera votre ruine.

Dentellière. — Votre cœur sera pris par une grisette, et vous ferez des bêtises.

Dentiste. — Mensonges qui vous seront préjudiciables.

Dents. — *Rêver qu'il vous en pousse*, accroissement de famille; — *qu'elles tombent*, mort, ruine; — *qu'elles se gâtent*, maladies, brouilles.

Départ. — Lettres importantes que vous recevrez sous peu.

Dépenses. — Revers et misère prochaine.

Dépôt. — Vous êtes en péril, mais votre droiture vous fera trouver le bon chemin.

Déréglement. — Rien ne vous réussira, si vous ne suivez pas la ligne droite.

Dérouiller. — Faites vos affaires par vous-même au lieu de les confier aux étrangers.

Descendre. — Mauvais présage, surtout si c'est dans un endroit étroit et sombre.

Desenfler. — Succès prochain.

Désert. — Vous vous trouverez mêlé dans des affaires désagréables.

Déserteur. — Un de vos parents ou amis militaire montera en grade.

Déshabiller. — Honte et affront public, déshonneur; vous courez à la chute.

Deshériter. — Vous négligez trop vos parents.

Déshonneur. — Signe d'un malheur prochain.

Desséchement. — Vous vivrez vieux et toujours heureux.

Destruction. — Vous aurez l'emploi que vous désirez, si vous savez plaire à vos supérieurs.

Détacher. — On découvrira facilement vos secrets.

Déterrer. — Vous hériterez d'une fortune sur laquelle vous ne comptiez pas.

Dettes. — Vous aurez beaucoup de bénéfices cette année, mais les années se suivent et ne se ressemblent pas.

Dévider. — L'ordre et l'aisance régneront dans votre maison.

Devoir. — Vous aurez une vie heureuse et facile.

Dévoré. — Vos craintes sont exagérées; vous vous tourmentez inutilement.

Dévôt. — Vous aurez l'estime de votre entourage.

Deux à deux. — Union conjugale, amour, jouissances dont vous aurez bien vite assez.

Diable. — *Le voir*, tourments et peines; — *être*

emporté par lui, présage du plus grand bonheur; — *le combattre*, revers.

Diamants. — Vous employez mal votre fortune et vos protections, vous n'arriverez à rien si vous ne changez pas de conduite.

Dictionnaire. — Vos enfants seront des savants distingués.

Dieu. — Bénédiction, prospérité, vie exempte de chagrins.

Diffamation. — Grandes contrariétés domestiques.

Difformité. — Celui ou celle que vous épouserez ne sera pas doué des agréments du visage, mais sera d'une bonté sans égale.

Digue. — Mettez un frein à vos passions.

Diligence. — Vous serez longtemps sans ouvrage.

Dindon. — On tient des propos malveillants contre vous, cela vous fera du tort.

Diner. — Vous avez une maladie d'estomac.

Discorde. — L'union règnera dans votre ménage.

Discours. — Votre langue vous nuira beaucoup.

Discrétion. — Vous êtes accusé d'ingratitude.

Disette. — Faites d'abondantes provisions.

Disgrâce. — Vous aurez affaire à des ingrats.

Dispute. — Vous aurez un mari querelleur et des enfants colères.

Distillateur. — Vous serez victime d'un vol.

Distillation. — Vous gagnerez un lot à une loterie.

Divorce. — Vous n'aurez pas d'enfants : si vous en avez, ils vous quitteront de bonne heure.

Docteur. — Évitez de prendre trop de médicaments.

Doigt. — Plaisirs, profits; — *coupé*, chagrins, querelles en ménage.

Domestique. — On vous vole vos provisions; surveillez mieux votre maison.

Dominos, *jeu.* — Vous aurez un intérieur paisible

et des enfants charmants; — *masque*, votre conquête
sera une vieille femme maigre.

Donation. — On vous frustrera de votre héritage;
vous aurez beaucoup de procès.

Donner. — De riches protections feront votre position ou celle de vos enfants.

Dormir, Dormeur. — Votre paresse est cause de
votre mauvaise position.

DISPUTE.

Dorure. — Vous ne conserverez pas votre fortune.

Dos. — Les femmes seront cause de votre perte.

Dot. — Votre femme vous trompera, et vous vous
consolerez avec une de ses amies.

Douane. — Vous aurez de la peine à surmonter
les obstacles qu'on vous oppose; il vous faudra beaucoup de prudence et de patience.

Doublure. — Vous faites trop de cas des apparences, et vous avez tort.

Douleur. — Vous vous tourmentez trop pour des
affaires d'argent : cela nuit à votre santé sans servir
vos intérêts.

Dragées. — Vous serez bientôt parrain ou marraine.

Dragon. — Vous aurez beau faire, vous n'obtiendrez rien de celle que vous poursuivez ; prenez garde, vous êtes surveillé.

DRAGON.

Drap, *étoffe.* — Mariage ; — *de lit,* mort.

Dressoir. — Faites l'achat que vous avez en vue.

Drogues. — Le beau temps vous rendra la santé, n'abusez pas des fleurs dans votre chambre.

Duc, *oiseau.* — Attaque nocturne ; — *dignitaire,* amour sans espoir.

Duel. — Rivalité dangereuse, brouille.

Duperie. — Vous serez volé ou voleur.

Dureté. — Méchanceté, trahison.

Durillon. — Voyage lointain et accident.

Duvet. — Honte et misère par votre faute.

Dyssenterie. — Plaisir durable dont la source ne tarira pas.

E

Eau *claire*. — Bon rêve ; — *bourbeuse*, danger qui vous menace ; — *chaude*, convalescence ; — *glacée*, amour non partagé ; — *de Cologne*, coquetterie ; — *de vie*, ivrognerie ; — *bénite*, mort ; — *de source*, santé robuste.

Ébène. — Fortune dans le commerce de bois ou d'ébénisterie.

Éborgner. — Vous ne voyez pas clair dans vos affaires, et il vous en cuira.

Éboulement. — Ne faites pas l'acquisition que vous méditez.

Ébrancher. — Vous ferez une chute dangereuse.

Écailles. — Joie, succès dans les entreprises.

Ecclésiastique. — Honte et misère.

Échafaud. — Misère publique, famine ou peste.

Échalas. — Récoltes abondantes, année fructueuse ; vous poursuivrez une paire de jambes minces du haut, fines du bas.

Écharpe. — Accident, rupture d'un mariage.

Échasses. — L'orgueil vous perdra.

Écheance. — Vous menez trop grandement votre maison, restreignez vos dépenses.

Échecs. — Vous n'êtes pas aimable en société.

Échelle. — Disgrâce, perte d'emploi, de fortune. Votre femme cherche à vous tromper.

Écheveau *de soie*. — Fortune ; — *de fil*, mauvaises affaires, surtout si l'écheveau est embrouillé.

Écho. — Disposition aux maladies cérébrales.

Éclair. — Discorde, guerre, blessures, dégâts.

Éclipse *de soleil*. — Vous perdrez l'appui de vos protecteurs, vos parents vous abandonneront ; — *de lune*, espoir trompeur, amour sans espoir.

Écluse. — Domptez vos mauvais penchants.

École. — Vous aurez beaucoup d'enfants, surtout des filles, et vous les élèverez toutes.

Économie. — Il faut être économe, mais pas avare.

Écorce. — Approfondissez les projets de ceux qui vous entourent.

Écorchures. — Vous ferez une maladie légère.

Écosse. — Longue vie, position humble.

Écouter. — On divulguera votre secret.

Écran. — Amitié feinte, plaisirs trompeurs.

Écraser. — Votre enfant naîtra avec un signe au pied ou au bras.

Écrevisses *vivantes.* — Désunion, déception ; — *cuites,* séparation de corps ; mariage manqué par suite d'une indiscrétion.

Écrire. — Bonnes nouvelles à recevoir bientôt.

Écume. — Vos ennemis vous calomnieront ; cependant votre innocence sera reconnue.

Écureuil. — Beaucoup de mouvement pour rien.

Écurie. — Vous serez favorablement accueilli ; on vous recherchera pour votre ordre et votre activité.

Édenté. — Vous profiterez mal de votre fortune.

Édifice. — N'épousez pas un homme employé chez un entrepreneur ; évitez les échafaudages.

Effacer. — Vous êtes sur une pente dangereuse.

Efforts. — Vous réussirez dans ce que vous entreprendrez ; vos amis sont prêts à vous aider.

Effroi. — Voir **Peur.**

Effronterie. — Vous serez supplanté par un parent ou un ami.

Église. — Soyez toujours bienfaisant.

Égouts. — Vos instincts pervers vous perdront.

Électricité. — Lettre longtemps désirée.

Élection. — Vous vous occupez beaucoup trop de politique, cela vous nuira.

Emballage. — Voyage ou déménagement.

Embaumer. — Maladie ou enterrement d'un très-proche parent.

Embourbé. — Vous êtes menacé d'un danger sérieux, soyez très-prudent.

EMBRASSER.

Embrasser. — Trahison, inconduite, plaisirs défendus; — *être embrassé sur la bouche,* on vous surprendra avec lui, et vous perdrez votre place.

Embrocher. — Vous serez invité à un baptême ou plutôt à un mariage.

Émeute. — Vous avez de mauvaises connaissances.

Emmaillotter. — Mariage d'inclination ; vos enfants seront votre satisfaction.

EMMAILLOTTER.

Empois. — Vous vous préoccupez trop de l'opinion
des autres, cela vous empêche d'arriver.

Emplâtre. — Maladie dans laquelle vous serez bien
soigné.

Emplettes. — Argent dépensé inutilement.

Empoisonner. — Vous dépensez trop pour le plaisir et la toilette, pas assez pour votre nourriture.

Emprunter. — Ne vous embarquez pas dans des
entreprises plus fortes que vos moyens.

Encens. — Vous êtes sensible à la flatterie, on vous
dupera.

Enclume. — Vous gagnerez beaucoup d'argent au moyen du fer.

Encre. — Ce que vous avez écrit se tournera un jour contre vous.

Enfant. — *Le tenir dans ses bras*, bonheur ; — *le voir courir dans la maison*, richesse ; — *voir un enfant qui refuse le sein*, maladie longue et dangereuse.

Enfer. — Vous aurez une peur qui mettra vos jours en danger ; — *mettre le diable en enfer*, grand plaisir suivi de cuisants regrets.

Enfiler. — Mariage prochain et très-heureux.

Enflure. — Ce que vous craignez arrivera.

Engagement. — Vos intérêts sont mal dirigés.

Engelure. — L'hiver sera très-rigoureux.

Engourdissement. — On se moque de votre indécision de caractère.

Enlèvement. — Les spéculations ne vous réussiront pas.

Ensanglanté. — Vous perdrez un de vos amis.

Enluminer. — Inconduite et paresse, la misère ensuite ; mettez-vous au travail, il est temps.

Ennemi. — Votre esprit est inutilement inquiet.

Ennui. — Vous ne travaillez pas assez de vos mains et trop de votre tête.

Ensevelir. — Vous recevrez une mauvaise nouvelle qui vous fera beaucoup de peine.

Enseigne. — C'est dans le commerce que vous réussirez.

Ensemencer. — Travail fructueux ; maternité précoce et souvent renouvelée.

Enseigner. — Vous avez la parole trop facile, veillez sur vous.

Éteignoir. — On veut vous empêcher de vous faire connaître ; mais vous y parviendrez quand même.

Enterrer. — Mariage d'argent ; quelque chose y manque.

Entonnoir. — Vous placez mal votre argent.

Entre-sol. — Vous aurez une position modeste, mais sûre.

Épaule *de femme.* — Persévérez, le succès est certain ; — *belles épaules*, ne vous fiez pas aux apparences.

Épaulette. — Vous aurez de puissants protecteurs.

Épée. — Duel, querelle, trahison.

Éperon. — Vous serez blessé par un cheval.

Épinards. — Vous avez besoin de fortifier votre santé : allez à la campagne.

Épines. — Médisance, calomnie, bavardages.

Épingle. — Ordre, économie et abondance.

Épitaphe. — Lettre d'un parent éloigné depuis longtemps.

Éponge. — Fortune mal employée; précaution inutile : vous avez trop d'orgueil.

Équerre. — Justice vous sera rendue.

Ermite. — Veillez sur votre réputation ; évitez la solitude, surtout à deux.

Escalier. — *Le monter*, bonheur et prospérité ; — *le descendre*, trésor à ramasser ; — *en tomber*, ruine et déshonneur.

Escroc. — Vous voyez une mauvaise société.

Espion. — Faux amis qui vous perdront.

Esprit. — Vous faites des lectures nuisibles à votre repos et à votre santé.

Estaminet. — Vous prisez ou vous fumez trop.

Estomac. — Vous êtes gourmand; cela nuit à votre santé.

Estrade. — Vous arriverez à une grande fortune ou à une grande réputation.

Estropié. — *l'être*, grande fortune; — *en voir*, bonheur de courte durée.

Étang. — Vous attraperez un gros rhume à la pêche.

Été. — Songes heureux.

Étouffement. — Remords tardifs et inutiles.

Étoile *tombant du ciel*, mort; — *très-brillante*, espoir; — *pâle*, voyage dangereux.

Étui. — Vous épouserez une femme vertueuse.

Étranger. — Vous ferez un mariage de raison.

Étrennes. — Bonheur conjugal et maternel; naissance d'un garçon.

Étriers. — Voyage fatigant et sans résultat.

Étude. — Procès long et chanceux.

Évanouissement. — Amour passionné.

ÉVENTAIL.

Éventail. — Rivalité d'amour, combat.

Excréments. — Argent mal gagné.

Excès. — Récompense bien méritée.

Exécution. — Votre bienfaisance vous rapportera au centuple.

Exemption. — Visite d'un militaire, garde à vous !

Exercice. — Santé robuste, vie très-longue.

Exil. — Vous arriverez à une grande position.

Expédition. — Accidents en chemin de fer.

Extase. — Vous faites un travail inutile.

Expert. — Vous gagnerez un procès qui assurera la fortune de vos enfants.

Extravagance. — Le déshonneur est dans votre famille.

F

Fable. — Bon signe, joie et gaieté, bonheur sans mélange.

Fabrique. — Redoutez toujours les associations.

Facteur. — Vous recevrez prochainement la lettre que vous attendez.

Faction. — Chagrin domestique, jalousie.

Fagots. — Vous attraperez un gros rhume.

Faillite. — Vous réussirez dans le commerce.

Faim (*avoir*). — Votre gourmandise fatigue votre estomac : soyez plus sobre.

Faisans. — Craignez, pour un des vôtres, un accident à la chasse.

Famille. — Rêve de très-bon augure; prospérité, amour conjugal, santé, longue vie.

Famine. — Voyez **Disette.**

Fantôme *blanc.* — Maladie légère; — *noir*, mort.

Fard. — Dissimulation, ingratitude, maladie de peau.

Fardeau. — *En porter*, vie laborieuse, travail peu fructueux; — *en voir porter*, vous ferez travailler les autres.

Faucheur. — Guérison, fortune lente, mais sûre.

Farine. — Richesse, abondance due à votre travail.

Fausse couche. — Perte d'un tout jeune enfant.

Fauteuil. — Vous menez une vie trop sédentaire.

Faveurs. — Temps perdu.

Femme *brune.* — Querelles; — *blonde*, paix et bonheur; — *rouge*, haine et malheur; — *grande*, richesse; — *petite*, médiocrité; — *belle*, tromperie; — *laide*, bonheur durable; — *femmes mortes*, soyez prudent, un grand danger vous menace.

Fenêtre. — Voir **Croisée.**

Fer *à cheval.* — Voyage qui vous procurera la fortune ; — *chaud ou froid*, bon signe.

Festin, fête. — Gêne et pauvreté, affaires difficiles.

Feu. — Colère, tourments, jalousie, maladies.

Feux-follets. — Mort ou maladie longue.

Feux d'artifice. — Naissance de beaux enfants.

Feuilles, feuillage. — Espoir réalisé, amour partagé.

FEMMES.

Fiançailles. — Vous ferez un mariage d'inclination, il n'en sera pas plus heureux pour cela.

Fièvre. — Ambition, vanité déçue.

Figues. — Position humble, mais honnête, exempte de soucis et d'inquiétudes.

Figure. — Le rêve est bon ou mauvais suivant que la figure est triste ou gaie, belle ou laide

Fil, filer. — Ennuis, contrariétés ; existence monotone

Filasse. — Procès qui traîne en longueur et que vous finirez par perdre.

Filet. — Tout vous échappera : richesses et amour.

Fille. — Voyez **Femme.**

Fils. — Vous serez mal payé.

Filleul. — Vous ne récolterez que de l'ingratitude.

Filou. — Vous vous préoccupez trop de votre argent, vous le placerez mal. Ayez plus de confiance.

Flambeau *allumé*. — Mariage ; — *éteint*, infortune.

Flammes. — Réussite complète dans vos affaires.

Flatterie. — Vous serez punie de votre vanité.

Flèche. — Amour partagé.

Fleurs. — Jeunesse longue et heureuse; enfants charmants; tendres messages.

FLEURS.

Fleuve. — Péril, danger pour l'avenir ; — *s'y noyer*, protection inattendue.

Flotte. — Voyage dangereux, orage en mer.

Fluxion. — Vous en avez pour neuf mois.

Foin. — Bénéfices modestes, mais sûrs.

Poire. — Ne dispersez pas vos ressources.

Folie. — Mariage de raison qui sera heureux.

Fontaine *jaillissante*. — Fortune rapide, position brillante, mariage avantageux ; — *trouble*, déshonneur, maladies, etc.

Forêts. — Voyez **Bois**.

Fortune. — Danger de perdre de l'argent.

Fossé. — *Rêver qu'on y tombe* est mauvais signe, surtout si le fossé est plein d'eau ou de boue.

Fossoyeur. — Mort d'un parent éloigné.

Fou. — Un de vos enfants sera la gloire de son pays et de sa famille.

Foudre. — *La voir tomber*, année d'une fertilité extraordinaire.

Fouet. — Chagrins domestiques venant de votre femme.

Foulard. — Vous êtes beaucoup trop dépensier.

Four. — Votre égoïsme vous aliène tous les cœurs.

Fourche. — Vous ferez un héritage qui vous coûtera plus qu'il ne vous rapportera

Fourchette. — N'admettez pas tant d'indifférents dans votre intérieur.

FRAYEUR.

Fourmi. — Le travail procure l'abondance.

Fourrages. — Les chevaux seront votre perte.

Fourrures. — Vous aimez trop vos aises et négligez vos occupations

Fraises. — Soyez circonspect dans vos relations.

Francs-maçons. — Vous pouvez compter sur vos amis; superstition.

Frayeur. — Ne soyez pas superstitieux.

Frère. — Querelles et jalousie continuelles.

Friture. — Vous serez en butte à des méchancetés de femmes : tenez-vous en garde.

Froid. — Vie longue, mais mauvaise santé.

Fromage. — Votre sobriété vous donnera une santé inaltérable.

Fruits *verts*. — Difficultés de position ; — *mûrs*, mariage heureux, mais trop d'enfants ; — *confits*, plaisir sans peine.

Fuir. — Le malheur vous poursuit.

Fumée. — Médiocrité, plaisirs éphémères.

Fumier. — Abondance ; — *s'y coucher*, déshonneur et honte.

Funérailles. — Votre ennemi succombera bientôt.

Fusée. — Mauvais présage.

Fuseau. — Petit héritage sur lequel vous ne comptez pas.

Fusil. — Mariage avec un militaire.

Futaille *vide*. — Prospérité ; — *pleine*, accroissement de famille.

G

Gage. — Emprunt forcé.

Gageure. — Brouille entre amis ou dans le ménage : c'est vous qui mettrez les pouces.

Gain. — Héritage mal acquis.

Gaîne. — Ne faites pas de placements aventureux.

Gaieté. — Mettez votre conscience en paix.

Galanterie. — Si c'est une femme qui fait ce rêve, il signifie inconstance, infidélité ; si c'est un homme, succès.

Gale. — Vous avez un mauvais entourage qui nuit à vos intérêts.

Galerie. — Vous ferez fortune dans le commerce.

Galérien. — Audace, courage, force, santé.

Galette. — Vous serez récompensé de vos peines.

Galon. — Vanité, dépenses folles et ruineuses.

Galop. — Le jeu sera fatal à votre famille.

Gandin. — Méfiez-vous de ceux qui ont toujours la bouche en cœur.

GANDIN.

Gangrène. — Famille nombreuse, position humble.

Garçon *jeune*. — Bonheur en ménage ; — *vieux*, soucis, inquiétudes.

Garde *champêtre*. — Procès ; — *malade*, naissance ; — *militaire*, beaucoup de peine pour rien ; — *manger*, économie ; — *fou*, prudence.

Garenne. — Richesse par le travail.

Garnison. — Bon signe, surtout pour les militaires.

Gascon. — On se joue de votre bonne foi.

Gâteau. — Fête de famille, réconciliation, danse.

Gaule. — Vous aurez dans votre famille quelqu'un d'excessivement grand.

Gaz. — Position élevée acquise par les talents.

Gaze. — Rendez-vous nocturne.

Gazon — Abondance; on y fait des chutes dont on ne se relève jamais.

Géant. — Le succès dépassera votre ambition.

Gelée. — Maladie dangereuse : vous en guérirez.

Gendarme. — Ménage paisible : beaucoup d'enfants, des garçons surtout.

Gendre. — Mariage prochain dans la famille; retour d'un voyageur.

Général. — Mauvais augure, surtout pour un militaire.

Générosité. — Vous serez prochainement parrain ou marraine.

Genièvre. — Existence abreuvée d'amertume.

Génie. — Querelles et disputes.

Geôlier. — Trahison d'un ami sur lequel vous comptiez : ne vous fiez à personne.

Gibecière. — Vous tuerez votre chien à la chasse.

Gibier. — Si vous continuez à trop bien vous nourrir, vous aurez la goutte.

Gigot. — Vous recevrez une invitation à dîner.

Girouette. — Changement heureux dans votre position.

Glace (*frimas*). — Amour platonique; — *glace*, vos chagrins seront promptement oubliés.

Glaner. — Vos recherches seront sans résultats.

Gland. — Disette, pauvreté.

Glissade. — Faites attention à vos enfants.

Glu. — Vous ne pourrez pas rompre votre liaison.

Gorge. — Plus vous en montrerez, moins vous le séduirez.

Gourmandise. — Vous serez ruiné par votre désordre.

Gousse d'ail. — Bonne santé jusque dans un âge avancé : vous êtes trop petite-maîtresse.

Goutte. — Langueur et misère : vous en sortirez cependant.

Grâce. — Bonne fortune prochaine.

GRISETTE.

Grains. — Année fertile qui vous enrichira.

Grange. — Ménagez votre argent, vous en aurez besoin sous peu.

Grand-père, grand'mère. — Famille unie.

Graveur. — Plus d'honneur que de profit.

Grenade. — Bonne réputation que vous ne méritez guère : vous le savez bien.

Grenier. — Les souris dansent quand les chats sont en campagne.

Gril. — Vous menez une vie trop agitée.

Grillageur. — Liberté d'un captif; rendez-vous nocturne.

Grimace. — Mensonge, dénonciation.

Grimper. — Vous ferez une chute dangereuse.

Grisette. — Votre vertu est terriblement aventurée.

Groseille. — Jalousie, petites contrariétés.

Grossesse. — Il faut semer avant de récolter.

Grotte. — On surprend vos secrets; méfiez-vous.

Groupe. — On fait des cancans sur votre compte.

Gué. — *Le passer*, péril vaincu.

Guêpes. — Vous triompherez des méchants.

Guerre. — Paix intérieure et bonheur en ménage.

Guerrier. — Dissolution de société, liquidation.

Guichet. — Lettre inattendue.

Guinguette. — Mauvais ménage, divorce.

Guillotine. — Accident grave.

Guirlande. — Promesses qui ne se réaliseront pas.

Guitare. — Amour heureux, mais de courte durée.

Gymnase. — Mariage d'inclination; bonheur domestique.

H

Habit, Habillement. — *Vieux*, tourment et pauvreté; — *neuf*, amélioration dans la position; — *en vendre*, prodigalité; — *en acheter*, richesse mal acquise.

Hache. — Un grand danger vous menace.

Haie. — Obstacles à vaincre à force de ténacité.

Haine. — Ne redoutez pas vos ennemis, un ami puissant combat pour vous.

Halle. — Trésor caché que vous découvrirez.

Hamac. — Voyage long et dangereux.

Hameçon. — On abusera de votre confiance.

Hannetons. — Les insectes seront nombreux.

Hareng. — Faites attention, les arêtes vous causeront un grave accident.

Haricots. — Beaucoup de bruit pour rien.

Harpe. — Vous détruirez votre bonheur si vous êtes envieux.

Hémorragie. — La haine vous rend aveugle.

Hérisson. — Votre mauvais caractère éloigne vos amis.

Héritage. — Succession qui vous sera ravie.

Herse. — Travail assidu et récompensé.

Heure. — Le temps est de l'argent.

Hibou. — Mort ou maladie d'un ami.

Hirondelle. — Plus vous en voyez, plus ce rêve est heureux; bonnes nouvelles de l'étranger; bonheur, *si on les voit entrer dans la maison*; mauvais augure, *si on voit une hirondelle morte.*

Hiver. — Prospérité, bonheur calme; peu d'enfants.

Homicide. — Vous avez de l'inflammation, soignez-vous.

Homme. — *Grand,* jalousie; — *petit,* conquête; — *brun,* mariage; — *blond,* fatalité; — *rouge,* déception; — *riche,* misère; — *pauvre,* bonheur; — *vieux,* déshonneur; — *jeune,* succès; — *beau,* adulation; — *laid,* considération.

Hôpital. — Mensonge; — *y entrer,* bonne santé; — *en sortir,* mort.

Horloger. — Le temps perdu ne se rattrape pas.

Hostie. — Ayez toujours confiance en Dieu.

Hôtel. — Vous avez des amis indiscrets qui porteront la ruine dans votre maison.

Huche. — *Pleine,* abondance; — *vide,* misère.

Huile. — Existence exempte de soucis et de peines; espérances réalisées.

Huissier. — Mauvais rêve; méfiez-vous.

Huîtres. — Fête, réunion de famille; — *en manger*, vous goûterez au plaisir défendu. -

Hussard. — Nouvelles d'un militaire que vous aimez beaucoup.

HUSSARD.

Hydropisie. — Mort subite d'un proche parent.

Hypocrisie. — Ayez confiance en vos parents et en vos amis.

I

Idole. — Superstition qui vous causera des ennuis.

If. — Mort ou maladie d'un parent proche.

Ignorance. — Trop d'étude nuit à la santé.

Ile. — Ennui, solitude, affection qui n'est pas partagée; plus de peine que de plaisir.

Illumination. — Grand bonheur, richesses inespérées.

Image. — Bon souvenir, bonne nouvelle, cadeau, lettre.

Imprimerie. — L'instruction permet d'arriver aux plus hautes positions.

Incendie. — Héritage, fortune inattendue, succès.

Inconnu. — Réclamation désagréable et inattendue.

Inconstance. — Vous réussirez dans tout ce que vous entreprendrez.

Incrédulité. — Vérifiez soigneusement vos comptes.

Indécision. — Ayez plus de fermeté de caractère.

Indifférence. — La désunion se mettra dans votre ménage, votre froideur en sera la cause.

Indigent. — Vous recevrez de l'argent aujourd'hui.

Infamie. — Quelqu'un de votre famille vous causera bien des ennuis.

Infanticide. — Déshonneur.

Infidélité. — Perte de considération.

Infirme. — Bonheur longtemps attendu.

Ingratitude. — Votre reconnaissance vous assurera des protections puissantes.

Inhumation. — Fidélité sans bornes; pardon des injures.

Injures. — Prospérité commerciale, bonnes relations, récoltes abondantes.

Injustice. — Vous êtes ingrat, corrigez-vous.

Innocence. — Vie calme et heureuse; deux enfants seulement, garçon et fille.

Inquiétude. — Regrets superflus, il est trop tard.

Inondation. — Mauvais rêve en général : les rêves où l'eau joue un rôle important indiquent un mauvais état de santé.

Insensibilité. — Votre cœur est trop prompt à s'enflammer.

Institution. — Beaucoup de peine, mais beaucoup de profit.

Instruments de musique. — Bals et fêtes.

Insulter *quelqu'un.* — Malheur; — *être insulté*, vengeance.

Interdiction. — Liberté, indépendance.

Intérêts. — Mauvais présage : vous ferez une perte.

Interprète. — Les paroles s'envolent, mais les écrits restent.

Intrépidité. — Défiez-vous des faiseurs d'embarras, ou vous seriez leur dupe.

INVALIDE.

Invalide. — Vieillesse tranquille, bonne renommée.

IVRESSE.

Inventaire. — Faillite dans laquelle vous perdrez beaucoup.

Inventeur. — Beaucoup d'honneur, peu de profit ; trop de vanité.

Ironie. — Votre mauvaise langue vous fera haïr.

Italien. — Jalousie, amour des arts, liberté.

Ivoire. — Patience ; illusions, rêveries dangereuses.

Ivraie. — Projets heureusement accomplis ; enfants laids, mais intelligents et fins.

Ivresse. — Opulence ; santé, longue vie.

J

Jabot. — Vous sacrifiez trop à la vanité, à la toilette, cela vous fera du tort.

Jacinthe. — Votre confiance est mal placée.

Jalousie. — Évitez les tiers dans votre intérieur.

Jambes. — Heureux présage, position élevée.

Jambon. — Redoutez les indigestions.

Jardinage. — Mariage d'argent qui deviendra mariage d'inclination : si la personne est mariée, elle aura de beaux enfants ; si elle est âgée, heureuse vieillesse.

Jarretière. — Infidélités ; votre jalousie est fondée : c'est dans votre entourage qu'est celui ou celle pour qui on vous trompe.

Jasmin. — Ce sont vos cheveux qui vous vaudront votre position.

Jaunisse. — Maladie ; vous ferez un héritage.

Jet d'eau. — Amour sincère ; fortune médiocre ; réussite dans les affaires.

Jeu. — *Y gagner*, mauvais signe ; — *y perdre*, déclaration d'amour ; — *voir jouer quelqu'un*, trahison, chagrins cuisants.

Jeûne. — Oubli de ses devoirs qui amènera des revers et des peines.

Jeunesse. — Curiosité punie; chagrins domestiques; enfants difficiles.

Joues *pâles*. — Mariage forcé; — *roses*, mariage d'inclination; — *rondes*, beaucoup d'enfants; prospérité.

Joujou, Jouet. — Bonheur conjugal; longue vie, heureuse vieillesse.

Joûte. — Votre paresse et votre nonchalance vous empêchent seules d'avoir une position plus élevée.

Jongleurs. — Vous êtes la dupe et le jouet des intrigants et des fripons.

Jours. — Avertissement du ciel, votre vie est menacée.

Journal. — Vous négligez vos affaires pour celles des autres. Votre position en souffrira.

JUPON.

Juge, Jugement. — On vous cherchera chicane, apportez plus d'ordre dans la conservation de vos papiers.

Juif, Juive. — Changements de position; voyage prochain, chances à courir.

Jumeaux. — Maladie d'enfants; héritage litigieux.

Jument. — Prochain mariage, avantageux pour la famille.

Jupon *court.* — Insulte ; — *long*, respect.

Jurer, Juron. — Votre brusquerie éloigne l'affection de vos amis.

Justice. — Mauvais rêve : vous serez accusé.

L

Laboratoire. — Plus vous étendrez vos connaissances, plus votre position s'améliorera.

Laboureur. — Rêve du plus heureux augure : succès, abondance, richesse, bon mariage, santé, longue vie ; mais la face des choses changerait complétement si vous voyiez des corbeaux voler au-dessus du laboureur.

Labyrinthe. — Suivez toujours la ligne droite, ne vous mêlez en rien aux intrigues de ceux qui vous entourent : vous en seriez la victime.

Lacet. — Soyez discret, ne causez pas de vos amours.

Lâche, Lâcheté. — Chagrins, affront, ennuis.

Laine. — Union de famille, travail fructueux, enfants dociles.

Lait, Laiterie, Laitière. — Frugalité, plaisirs champêtres ; — *en répandre*, mauvais signe ; — *en boire*, amour sincère, santé, longue vie.

Laitue. — Ce qui semble devoir vous être funeste sera la cause de votre bonheur ; vos soupçons sont mal fondés.

Lame *rouillée.* — Trahison, indiscrétion ; — *ébréchée*, dangers ; — *tranchante*, malheur irréparable.

Lampe *allumée.* — Travail assidu, position modeste, mais sûre ; — *éteinte*, chagrins d'amour, discorde, ingratitude.

Langue. — Bavardage, *si c'est une femme qui fait ce rêve;* éloquence, *si c'est un homme;* — *si c'est une femme enceinte qui fait ce rêve,* elle aura un fils qui deviendra acteur ou avocat.

Langueur. — Votre insouciance vous est très-funeste; fuyez les mauvaises pensées.

Lansquenet. — Périls, ruine, querelles de ménage.

Lanterne *sourde.* — Trahison; — *allumée,* vigilance; — *éteinte,* réconciliation.

Lapin *blanc.* — Succès; — *noir,* revers; — *gris,* paix du ménage; — *en manger,* mariage ou naissance; — *en tuer un,* perte et duperie.

LAVEUSES.

Lard *frais.* — Réussite; — *fumé,* contrariétés.

Larmes. — Santé altérée et qui exige de grands ménagements.

Lassitude. — Le moment est favorable pour accomplir ce que vous méditez; hâtez-vous, de crainte que la place soit prise.

Latin. — Ne divulguez pas vos pensées.

Latrines. — Profits sans grande peine; peu d'honneur; relations riches.

Lattes. — Votre position ne tient qu'à un fil.

Laurier. — Gloire et renommée dans votre famille.

Lavande. — Respect, amitié sincère, relations sûres.

Lavement. — Dévouement dans la maladie.

Laveuses. — Vous vous mettrez bientôt en ménage.

Layette. — Naissance, baptême, bonheur maternel.

Leçon. — *En donner*, orgueil et présomption; — *en recevoir*, dédain, amitié trompée.

Légion d'honneur. — Mérite récompensé.

Légataire. — Vous jouirez d'une estime universelle.

Lentilles. — Ruse, duperie.

Lessive. — Bonheur conjugal, nombreux enfants.

LETTRE.

Lettres. — L'affaire que vous méditez aura un bon résultat; vous serez rassuré sur la fidélité de quelqu'un qui vous est cher.

Lévain. — Médisance, indiscrétion, haine.

Lèvres. — Amour et bonheur de longue durée.

Lézard. — Amitié sans fond.

Libérateur. — Danger, accident, chute.

Licou. — Laissez-vous conduire, cela vaut mieux.

Lie. — Trop de plaisir est toujours suivi de beaucoup de peine.

Lierre. — Vos enfants seront le plaisir et le soutien de votre vieillesse.

Lièvre. — Saisie, faillite, billets protestés ; ingratitude, légèreté, mensonge.

Lilas. — Regrets tardifs et inutiles.

Limace. — Bêtise, infidélité, saleté, dégoûts, avarice.

Lime. — Ayez de la persistance dans vos entreprises et vous réussirez

Limon. — Votre vanité vous conduit à votre perte, soyez plus humble.

Limonadier. — Dépenses inutiles, plaisirs sans fruit, mauvaises connaissances.

Lin. — Affection durable : ayez confiance.

Linceul. — Mort dans la famille ou la maison.

Linge. — Aisance, position aisée, fortune assurée ; peu d'enfants.

Lion. — Force et courage, mais dureté ; danger d'être écrasé par un supérieur.

Liqueur. — Vous trouverez la douceur de caractère.

Liquidation. — Vous ferez des affaires avantageuses.

Lire *des romans.* — Entraînement au mal ; — *lire de bons livres,* bonne fortune, relations agréables.

Lis. — Vous trouverez un merle blanc.

Lit. — Ordre, économie, bonheur en ménage.

Logement. — Misère et inconduite.

Loterie. — Le jeu causera votre ruine.

Louange. — On en veut à votre bourse.

Loup. — Oubli de toute moralité, mépris.

Loupe. — Prévenances intéressées.

Loyer (*payer son*). — Mauvais présage.

Lumière. — Vous vous laissez aveugler, vous vous en repentirez.

Lune *dans son plein.* — Santé et bonheur ; — *en croissant,* naissance, mariage ; — *voir deux lunes dans*

le ciel, présage funeste, brouille dans le ménage; — *voir la lune très-rouge*, danger général, malheur public.

LOUP.

Lunette. — Disgrâce; votre aveuglement cause votre perte : laissez-vous guider.

Lustre. — Mariage, fêtes.

M

Macarons. — Légèreté de conduite, propos inconsidérés.

Macaroni. — Vous recevez trop de parasites.

Machine *en mouvement.* — Fortune dans l'industrie, prospérité par le commerce; — *arrêtée*, inventions qui ne profiteront pas à l'inventeur; perte d'argent.

Mâchoire. — Richesse, non pour vous, mais pour vos parents ou amis.

Maçon. — Mauvais présage, fatigue, tourment.

Magicien. — Surprises, événements inattendus.

Magistrat. — Loyauté, honneur, fortune compromise.

Maigrir. — Maladie prochaine, revers de fortune.

Magnétisme. — Aversion changée en amitié; influence bienfaisante.

Main. — *Petite*, despotisme ; — *grande*, force et courage ; — *blanche*, coquetterie ; — *rouge*, travail.

Maire. — Mariage, honneur, loyauté.

Maison. — *Basse*, bonheur paisible : — *haute*, vie accidentée ; — *en ruines*, mauvaises affaires.

MAIN.

Maîtres. — *Rêver qu'on en a de bons*, profits honnêtes ; — *qu'on en a de mauvais*, changement de condition.

Maîtresse. — Réussite en amour ; grand bonheur ; mariage d'inclination et d'argent tout à la fois.

Mal, Malade. — Rêver que l'on est malade signifie que l'on se porte bien de corps, mais que l'esprit est troublé ; il faut alors prendre de la distraction.

Mal de tête. — Esprit qui travaille trop.

Malle. — *Acheter une malle*, voyage lointain ; — *la faire*, voyage sans espoir de retour

Mamelles. — Amour maternel ; adultère.

Manchettes. — Fatuité, coquetterie dont vous vous repentirez.

Manchon. — Indifférence, sécheresse de cœur.

Manchot. — Vous avez le cœur trop bon, les intrigants en abusent.

Manger. — Signe d'un estomac fatigué.

Mannequin. — Vous n'êtes pas capable de remplir l'emploi que vous ambitionnez.

Mansarde. — Amourettes qui vous compromettront.

Manteau. — Hypocrisie; dévouement mal récompensé; pauvreté honteuse.

Manufacture. — Richesse par un travail assidu et persévérant; exploitation; — *en voir brûler une*, perte de vos espérances.

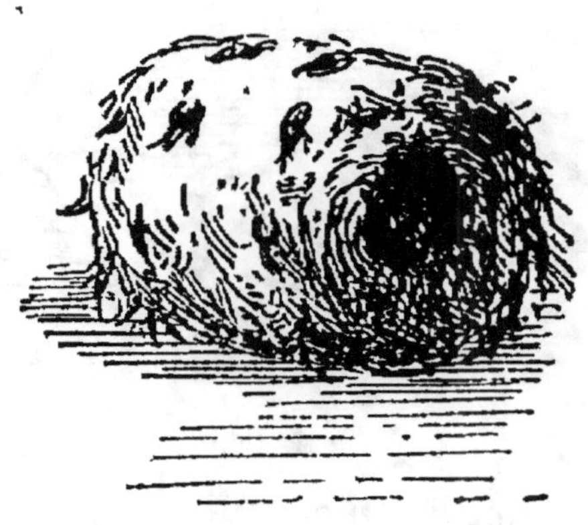

MANCHON.

Manuscrit. — Succès dans les arts ou les lettres.

Maquereau (*poisson*). — Services rendus par intérêt.

Maquignon. — Vous avez affaire à des fripons.

Marais. — Une épidémie fera de grands ravages.

Maraudeur. —Affaires compromettantes pour vous.

Marbre. — Brouille, refroidissement momentané.

Marché. — Profits insignifiants; travail peu lucratif et très-fatigant.

Marcher. — Mort prochaine, maladie grave.

Maréchal. — Brutalité, mauvaise conduite.

Marguerites. — Désir de mariage.

Mari. — Bon signe pour celle qui n'en a pas; mauvais signe pour celle qui en a.

Mariage. — Mauvaises nouvelles de l'étranger.

Marin. — Héritage d'un parent éloigné.

Marionnettes. — Trop de faiblesse de caractère.

Marmelade. — Affaires véreuses qui vous causeront beaucoup d'ennuis.

Marmite. — *Pleine*, aisance ; — *vide*, misère ; — *renversée*, malheur en ménage.

MARMITE.

Marmiton. — Vous arriverez à la fortune après avoir passé par les positions les plus subalternes.

Marmotte. — Pauvreté, insouciance, gaieté.

Marraine. — Ne vous fiez pas aux promesses de ceux qui se disent vos amis.

Marrons. — Réunion agréable ; bonheur durable.

Marteau. — Un de vos amis est menacé d'un très-grand malheur.

Martinet. — Votre conduite révolte à juste titre vos amis, vos parents.

Martyr. — Considération, position difficilement acquise, mais durable.

Mascarade. — Ne vous fiez pas aux apparences.

Masque. — Vous avez affaire à des hypocrites.

Matelas. — Intérieur aisé ; héritage d'un mobilier.

Matelote. — Ruine par l'abus des plaisirs de la table.

Mausolée. — Mort d'un grand personnage.

Mauve. — Douceur et humilité.

Méchanceté. — Vous serez victime d'un abus de confiance.

Mèche. — Entreprise nocturne.

Médaille. — Amour partagé ; heureuse vieillesse.

Médaillon. — Mariage d'inclination ; condition humble.

Médecin. — Mort ou maladie ; malheur inévitable.

Médisance. — Les méchants se prendront aux piéges qu'ils vous tendent.

Melon. — Vous épouserez l'incapacité et la suffisance personnifiées ; vous aurez beaucoup d'enfants, qui seront bruyants et indisciplinés.

Mémoire, (*en payer un*). — Affaires litigieuses ; — *Perdre la mémoire*, esprit profond.

Ménage (*entrer en*). — Mariage malheureux ; — *en acheter un*, votre mari sera ivrogne et coureur ; votre femme légère et dépensière.

MENDIANTE.

Mendiant (*l'être*). — Richesse et prospérité ; *en voir*, pauvreté, accidents ; — *s'il en entre dans votre maison*, mauvais signe, misère par inconduite.

Ménétrier. — Grande fête qui se terminera par un malheur.

Menottes. — Quelqu'un des vôtres est en danger d'être emprisonné.

Mensonge. — *Si vous le faites*, trahison, perfidie dont vous serez victime ; — *si on vous en fait*, prospérité commerciale, acquisitions avantageuses.

Menuisier. — Si c'est une femme qui fait ce rêve, elle aura beaucoup d'enfants ; si c'est un homme, il sera trompé dans son ménage, mais jouira d'une grande aisance.

Mer. — Vous recevrez des nouvelles que vous n'espériez plus concernant un riche héritage.

Mercerie. — Beaucoup de peine pour rien ; petits ennuis.

Mère. — Rêver à sa mère est toujours bon signe, et d'un heureux présage si on la voit bien portante ; — *rêver qu'on va être mère* est signe d'abondance et de félicité ; — *voir sa mère morte* signifie péril dans la famille.

Merlan. — Maladie, ennuis de courte durée.

Merle. — Bavardages qui attaqueront votre réputation ; marque d'un caractère léger.

Merveilles. — Votre ambition démesurée nuira à votre bonheur : soyez plus modeste.

Messager.—Surprise agréable, cadeaux inattendus.

Messe. — Plaisir suivi de remords.

Mesure. — Soyez économe sans avarice.

Métamorphose. — Votre position changera sous peu : ce changement sera avantageux.

Métier. — Richesse par le travail, l'ordre et l'économie.

Meubles. *En acheter,* — héritage ; — *en vendre,* misère.

Meule *de moulin.* — Aisance de foin ou de blé, abondance ; — *de rémouleur,* mort.

Meunier, Meunière. —N'épousez pas une personne au-dessus de votre condition ; la médiocrité sera votre partage.

Midi. — Les rêves où se trouve cette heure sont chimériques et trompeurs.

Mie de pain. — Rien n'efface la honte et le déshonneur.

Miel. — Défiez-vous des flatteurs ; embûches bien tendues.

Migraine. — Vous aurez des enfants d'un esprit extraordin.re qui seront la gloire de leur famille et de leur pays.

Militaire. — Amour non partagé.

Mille-feuilles. — Attachement qui perdra votre avenir ; mort prochaine.

Millionnaire. — Ruine par mauvaise gestion de vos affaires.

MORT.

Mine *de charbon.* — Mystère ; — *d'or*, misère : — *y descendre*, chute ; — *en remonter*, espoir.

Ministre. — La fréquentation des gens haut placés vous est mauvaise.

Miroir. — Coquetterie, fatuité.

Misère. — Vous aurez beaucoup d'enfants, surtout des garçons.

Mitaines. — Maladies, grandes souffrances.

Mitraille. — Mort violente.

Mode. — Ruine causée par des dépenses désordonnées : arrêtez-vous, il n'est que temps.

Moisson. — Prospérité constante en affaires.

Mollet. — Celui ou celle que vous aimez est laid, mais bon : ayez confiance en lui.

Monnaie. — Vous dépensez trop légèrement votre argent, pensez plus à l'avenir.

Monstre. — Accident de voiture.

Moqueur. — Vous prenez trop au sérieux les propos des indifférents.

Morale. — Vos enfants seront la joie et la consolation de votre vieillesse.

Morsure. — Jalousie, envie.

Mort. — Longue vie, mais maladies fréquentes ; — *parler à un mort*, mort prochaine dans la famille.

Morue. — Sobriété, économie.

Mouches. — Persécutions, tourments, ennemis persévérants.

Mouchettes. — Surprise agréable.

Mouchoir. — Héritage prochain *s'il est sale ;* — perte d'argent *s'il est propre ;* — *perdre un mouchoir*, mauvais signe ; — *en trouver un*, heureux présage.

MOULIN.

Moulin. — On fera de vous tout ce que l'on voudra.

Mousse (*marin*). — Voyage lointain et périlleux ; — *plante*, position modeste, mais tranquille et sûre.

Moustaches. — Vous n'êtes pas autant aimée que vous méritez de l'être.

Moutons. — Mieux vaut douceur que violence ; — *un mouton à la broche*, au train dont vous y allez, il ne vous restera rien pour vos vieux jours.

MOUTON.

Muet. — Vos secrets sont confiés à des gens qui ne méritent pas votre confiance.

Mule ou Mulet. — Voyage qui vous contrariera.

Mur ou Muraille. — Votre entêtement nuit à l'exécution de vos projets.

Mûres et Ronces. — Mauvais ménage, querelles en famille.

Musique. — *En faire*, bonne renommée ; — *en entendre*, bonheur intérieur ; — *mauvaise musique*, brouille, querelle, affaires embrouillées.

Musette. — Vous aimerez les plaisirs champêtres.

Myrte. — Vous ne vous marierez jamais, et c'est ce qui vous sera de meilleur.

Mystère. — Plaisirs dangereux ; honte et mépris.

N

Nager *en eau claire*. — Réussite après bien des traverses ; — *en eau trouble*, insuccès, dangers, difficultés insurmontables.

Nains. — Ennemis qui vous perdent en vous ridiculisant.

Naissance. — Mariage, héritage : ce rêve est toujours d'un heureux présage.

Nappe. — *La mettre*, bon signe ; — *l'ôter*, mauvais signe ; — *en ranger dans une armoire*, déception dans des affaires d'intérêt.

Natte. — Vous conserverez d'heureux souvenirs.

Naufrage (*faire*). — Grandes influences ; — *en voir un*, rupture d'un mariage ; — *voir des naufrages sur un radeau*, espoir trompeur.

Navets. — Guérison en cas de maladie ; succès en affaires d'argent.

Navire. — Voyage longtemps retardé qu'il faut accomplir sans délai.

Nèfles. — Tromperie, amertume, vieillesse anticipée.

Négligence. — Peines et infortunes par votre faute : veillez à vos intérêts.

Neige. — Tristesse, plaisirs de peu de durée, danger de mort.

Nègre. — Fortune à faire dans les produits exotiques ; — *négresse*, méfiez-vous des cheveux frisés.

Nénuphar. — Vous épouserez un homme trop calme pour vous.

Nerfs. — Querelles, contrariétés en ménage.

Nettoyer, Nettoyage. — Santé et aisance.

Neveu ou Nièce. — Heureuse vieillesse.

Nez. — On vous tourne en ridicule.

Nid *d'oiseaux*. — Naissance qui vous comblera de joie ; — *de serpents*, trahison, mensonge.

Noce. — Voyez **Mariage.**

Nœud. — Mauvais ménage ; vous serez trompé.

Noix, Noisettes. — Perte de tous vos biens.

Notaire. — Riche héritage, mais vivement disputé ; mariage d'argent.

Nourrice. — Mauvais signe pour les gens mariés ; maladies, tourments.

Nouvelles *bonnes.* — Malheur; — *mauvaises*, bonne chance

NOURRICE.

Noyé. — Bon augure s'il est retiré de l'eau ; mauvais, s'il est encore dans l'eau ou si c'est vous qui le retirez, surtout si l'eau est trouble.

Nuages. — Bouleversements, troubles.

Nudité. — Maladies, pauvreté, affront, perfidie.

Numéros. — Illusions, peine perdue.

O

Obélisque. — Protection d'une personne haut placée ; vous avez trop d'ambition.

Obscurité. — Évitez de mettre un tiers dans vos affaires.

Oculiste. — Vous êtes aveugle dans le choix de vos affections.

Odeur. — Orgueil, présomption, maladie nerveuse.

Œil. — Indiscrétion ; — *en perdre un*, bonheur inespéré et prochain.

Œufs *rouges.* — Contrariété ; — *frais*, plaisirs champêtres ; — *cassés*, mauvaise conduite ; — *dans un panier*, entreprise malencontreuse.

Oie. — Votre mari portera tout ce que vous voudrez.

Oignons. — Vous vous créez des chagrins chimériques et bien inutiles.

Oiseaux. — Légèreté de conduite qui amènera bien des [chagrins pour l'âge mûr; famille très-nombreuse.

Olive, Olivier. — Bonheur conjugal; réussite dans le commerce.

Ombre (*obscurité*). — Ennemis cachés ; — (*voir son*), mort prochaine dans la famille.

Oncle ou Tante. — Héritage donnant matière à procès.

OIE.

Ongles *longs.* — Paresse; — *courts*, activité; — *les voir tomber*, mort ou maladie ; — *les manger*, inconduite.

Onguent. — Bonnes nouvelles; prompte guérison si l'on est malade.

Opéra. — Désordres, ruine, inconduite.

Or. — On vous séduira par des paroles trompeuses.

Orage. — Voyez **Tempête**.

Oranges. — Mariage riche, position élevée.

Ordures. — Mépris public, honte dans la famille.

Orgie. — Déréglement de mœurs; maladies longues et dangereuses.

Orgue. — Quelqu'un de votre famille se consacrera à la vie religieuse.

Orgueil. — Votre fierté nuit à votre position et à celle de vos amis.

Ornement. — Vous abuserez des plaisirs frivoles.

Orphelin, — La charité attire l'affection et l'estime.

Ortie. — Vous serez blessé dans votre amour-propre ; punition méritée.

Os. — Présage de mort.

Oseille. — Petites peines suivies de grands bonheurs.

Oreille. — Gardez mieux vos secrets.

Osier. — Il faut savoir plier pendant les orages.

Ours. — Gens mal élevés, grossiers, qui vous persécutent

Outils. — Vous êtes dans le chemin qui conduit au bonheur et à la fortune.

Ouverture. — Vous manquez d'ordre et d'esprit de conduite.

P

Paillasse. — Misère par paresse et inconduite ; mauvaises connaissances.

Paillasson. — Ordre, propreté, économie.

Paille. — Bonheur si on la voit liée en bottes ; malheur si elle est éparpillée.

Pain *blanc.* — Bonheur suivi d'infortunes ; — *noir,* malheur passager vaincu par le travail.

Palais. — Vous mourrez dans l'indigence.

Pantoufle. — Vous perdrez une chose précieuse à la suite d'un bal.

PAILLASSE.

Palpitation. — Vous vous fatiguez trop. soignez votre santé.

Panache. — Inconduite par coquetterie; vieillesse indigente.

Panier *ouvert*,—désordre; — *fermé*, ordre, économie.

Paon. — Vous êtes trop fier; redoutez le contact des gens plus riches que vous.

Papier. — Procès, tentatives de séduction.

Parapluie *ouvert*.— Vous saurez vous garder des extravagances; — *fermé*, les bons conseils ne seront pas écoutés.

PANTOUFLES.

Papillons. — Coquetterie, légèreté en amour, faiblesse d'esprit.

Papillottes. — Vous recevrez des nouvelles agréables; succès amoureux.

Paquet. — Arrivée d'un voyageur sur lequel vous ne comptiez pas.

Paradis. — Riche héritage imprévu.

Paralysie. — Maladie grave et longue.

Parc. — Votre orgueil est mal placé.

Parrain. — Protection assurée.

PANIER.

Passeport. — Un de vos enfants sera consul ou ambassadeur.

Pâté. — Bon signe pour les femmes.

Patrouille. — Votre conscience vous fait de justes reproches.

Pauvreté. — Vous serez riche un jour.

Pavé. — Voyage prochain pour un héritage.

Paysan. — Vous recevrez un bon cadeau.

PARAPLUIE.

Pêcheur. — Avec de la patience vous réussirez.

Pêches (fruit). — Amour illicite; bêtise et malignité.

Peigne. — Vos affaires sont embrouillées.

Pèlerin. — Vous ferez un grand voyage.

Pelle. — Vous avez de mauvais voisins, méfiez-vous-en et ne bavardez pas.

Pendus. — *En voir,* très-mauvais signe; — *rêver qu'on les dépend,* fortune prochaine.

PÊCHEUR.

Pendule. — Vous perdez votre temps; laissez cela de côté.

Perdrix. — Vous recevrez des cadeaux de gibier ; — *si ce sont des perdrix rouges,* vous perdrez un œil dans l'année.

Père. — Vous aurez des reproches dans la journée.

Perles. — Vous aurez autant d'enfants que vous voyez de perles.

Perroquet. — Vous serez victime des cancans et des bavardages.

Perruquier. — Vous perdrez vos cheveux après une longue maladie, et ils repousseront blancs.

Peste. — Changement de temps, de position.

Peuplier. — Il y aura dans votre famille quelqu'un qui s'élèvera à une haute position.

Peur. — Vous aurez une contrariété dans la journée, une mauvaise nouvelle.

Philosophe. — Votre bonne conduite vous vaudra une belle position.

PERROQUET.

Phosphore. — Quelqu'un de votre famille fera une découverte qui vous enrichira.

Piano. — Vous aurez une vie animée et agréable.

Pie. — Vols, cancans qui vous feront du tort.

Pied. — Goûts bas et vulgaires ; inclinations mauvaises.

Piédestal. — Élévation par un mariage ou une adoption ; succès en affaires.

Piéges. — Le séjour de la campagne vous sera funeste.

Pierres *précieuses.* — Inconduite ; — *en jeter,* jalousie ; — *en recevoir,* malheurs.

Pigeons. — Vous aurez beaucoup d'enfants.

Pipe. — Redoutez un incendie.

Piquer, Larder. — La gourmandise compromettra votre santé.

Piqûre. — Vous serez blessé dans votre amour-propre ; petite maladie.

Pitié. — Vous n'avez pas assez compassion des autres, vous vous en repentirez.

Plage. — Un de vos enfants sera marin.

Plaider. — Brouille entre associés.

Plaine. — Brillant mariage si le rêveur est célibataire ; riche héritage s'il est marié.

Plaisirs. — Leur durée dépendra de leur nature.

Planètes. — Votre esprit se perd en rêveries inutiles, soyez plus sérieux.

Plantes. — Voyez **Arbre.**

Pleurer. — Vous n'essayez pas assez de surmonter vos impressions ; trop de faiblesse est fatale.

Plomb. — Présage funeste.

Pluie. — Bonheur si elle est abondante ; malheur si elle est fine, en brouillard.

Plumes *blanches.* — Honneur et richesse ; — *noires,* enterrement ; — *sales et traînées dans la boue,* réputation ternie ; — *qui volent,* position brillante, mais peu sûre.

Poêle (fourneau). — Modeste aisance, mariage de raison.

Poêle ou Poêlon. — C'est un coureur, méfiez-vous.

Poignard. — Querelles ; perte d'amis intimes.

Pois (légumes). — Mauvais mariage.

Poisson. — Abondance acquise par le travail.

Poivre. — Maladie dangereuse guérie miraculeusement.

Pommade. — Ne vous fiez pas aux apparences.

Pomme. — Rivalité de femmes jalouses.

Pont. — Triomphe, réussite en tout.

Port de mer. — Lettre importante reçue dans la semaine.

Porte *ouverte*. — Bon signe; — *fermée*, mauvais signe; — *brisée*, avenir perdu.

Portrait. — Amitié durable; souvenirs agréables.

Poudre. — Vos enfants auront un caractère difficile; déployez une grande fermeté.

Poule. — Vous aurez beaucoup d'enfants.

Poupée. — Vous ferez un mariage disproportionné.

Poux. — Grande abondance dont vous ne saurez pas profiter.

Prairies. — Amour sincère que vous dédaignerez ; — *s'y promener*, prenez garde, il est souvent plus mauvais de glisser sur la mousse que sur la glace.

POISSON.

Prédicateur. — Suivez les avis de la première personne que vous rencontrerez sur l'affaire qui vous préoccupe.

Presse (*foule*). — Affaires embrouillées.

Prêtre. — Redoutez les protecteurs intéressés.

Prières. — Maladie longue et dangereuse.

Prison. — Le bonheur attendu est prochain.

Procès. — Perte d'une vieille amitié.

Procession. — Paix dans le ménage, fortune limitée.

Promenade *avec une femme*. — Perte d'argent; — *avec un homme*, blâme public; — *avec des enfants*, prospérité.

Propriétaire. — Orgueil, envie, avarice.

Proscrit. — Mauvaises nouvelles.

Prunes. — Vous serez victime de tromperies fé-
minines.

Puces. — Ennemis entreprenants.

Puits. — Danger caché : prenez garde d'y succomber.

Pupitre. — Acceptez l'appui qui vous est offert.

Purgation. — Retour à la santé.

Pyramide. — Heureuse vieillesse, avec beaucoup
de petits-enfants.

Q

Quais. — Abandon, solitude, peines de cœur.

Quartier. — Réunion agréable d'amis et de parents.

Quenouille. — Bonheur par le travail; — *brisée*,
chagrins domestiques.

QUENOUILLE.

Querelles. – Jalousie causée par la médisance.

Questions. — Curio-
sité déplacée, soupçons
mal fondés.

Quête. — Amis im-
portuns et indiscrets.

Quilles. — Projets ren
versés, position brisée
ou du moins bien ébran-
lée.

Quincaillier. — Vous négligez les grandes affaires
pour les petites; vous ne sortirez pas de la médiocrité.

Quinquet. — Donnez de l'instruction à vos enfants.

Quittance. — Remboursements inespérés.

R

Rabais. — Qui veut trop gagner perd tout.

Rabat. — Bonnes nouvelles; envoi d'argent.

Rabot. — Fortune à faire dans l'industrie; égalité de caractère.

Racines. — Attachement profond et inaltérable.

Radotage. — Vieillesse anticipée par votre faute.

Rage. — Perfidie; faux amis; on veut vous nuire.

Ragoûts. — Amour partagé qui vous rendra très-heureuse.

Raie. — Flatterie qui vous fera faire des sottises.

Raillerie. — Amour-propre excessif qui vous coûtera cher; duel; querelles.

Raisins. — Abondance; année fructueuse; réussite assurée.

Râle. — Mauvaises nouvelles; perte d'argent.

Ramoneur. — Dégâts dans la maison; pertes et dommages.

Raquette. — Légèreté de caractère et de mœurs.

Rasoir. — Veillez avec plus de vigilance sur vos enfants et vos serviteurs.

Rat. — Prodigalité; désordre qui amènera l'indigence.

RAMONEUR.

Rateau. — Vous passez à côté des bonnes affaires sans les voir : ayez donc plus d'énergie.

Rayon de soleil. — Bonheur de peu de durée.

Récompense. — Vous recevrez un bienfait intéressé.

Réconciliation. — Brouille entre amis ou parents, pour des affaires d'intérêt.

Reconnaissance. — Ne faites jamais le bien dans l'espoir d'en tirer du profit.

Récréation. — Vous pensez trop au plaisir, vos affaires en souffrent.

RENCONTRE.

Refus. — Vous manquez de fermeté dans le caractère.

Régiment. — Aide et protection assurées.

Registre. — Apportez beaucoup d'ordre dans vos papiers de famille et d'affaires; vous éviterez les procès.

Reine. — Bonne renommée vaut mieux que ceinture dorée.

Religieuse. — Paix de l'âme et du cœur.

Reliques. — Ne donnez jamais que de bons exemples.

Remise. — Vous êtes assuré d'un asile pour vos vieux jours.

Rémouleur. — Trop aiguiser use autant que la rouille.

Renard. — Vos serviteurs et vos enfants abusent de la bonté de votre cœur.

Rencontre. — Vous rencontrerez des obstacles sur votre route.

RENDEZ-VOUS.

Rendez-vous. — Vous êtes sur une mauvaise pente; il est encore temps de vous arrêter.

Repas, Festin. — Réunion de famille; mariage prochain.

Repasser. — Travail persévérant, couronné de succès; honnête aisance.

Reposoir. — Grande maladie suivie d'une longue convalescence.

Reproche. — Suivez les avis de votre conscience.

Réservoir. — Vos petites économies fructifieront au centuple.

Retard. — Mépris dû à de fausses apparences: expliquez-vous franchement.

Retour. — Prochaines nouvelles d'un absent.

Rêver. — *Croire rêver et le faire réellement* indique une grande fatigue d'esprit; il faut un repos immédiat.

Réveillon. — Indigence par inconduite.

Révélation. — Avertissements qu'il faut écouter.

Revendeur. — Commerce productif, mais peu honorable.

Révolte. — Perturbation dans vos affaires; vos relations sont mauvaises.

Rhume. — Tempérament colère et emporté.

Ribote. — Fainéantise; inconduite; misère.

Richesse. — Votre mari vous ruinera, il aimera le jeu et le cotillon.

Ride. — Vertu récompensée.

Rideaux. — Dissimulation s'ils sont fermés; franchise s'ils sont ouverts.

Ripaille. — Larmes et chagrins.

Rivage. — Bonheur après une vie agitée.

Rival, Rivalité. — Entreprise malheureuse.

Rivière. — Voyez **Eau.**

Robe *neuve.* — Inconstance; — *vieille,* misère; — *rouge,* vanité; — *blanche,* espérance; — *noire,* deuil.

Rocher. — Pierre qui roule n'amasse pas mousse.

Roman. — Le temps perdu ne se rattrape jamais.

Ronces. — Croyez à une amitié éternelle.

Roses. — Félicité conjugale; beaux enfants; belle position; heureuse vieillesse.

Rosée. — Bénédiction du ciel; réussite dans les entreprises.

Rosière. — Vertu en danger; vanité coupable.

Roue. — La fortune est inconstante : méfiez-vous.

Rouge. — Vous aimez une personne qui n'a pas la qualité que vous lui croyez.

Ruban. — Dépenses au-dessus de votre position.

Ruche. — Richesse par une bonne association.

Ruine. — Réussite prochaine et complète.

Ruisseau. — Vous ne prospérerez qu'autant que vous ne voudrez pas vous élever trop vite.

Sabbat. — Méfiez-vous des chats ou des personnes ayant la physionomie féline.

Sable. — Ce que vous entreprenez n'aura ni durée ni solidité; les bases en sont mauvaises.

Sabot. — Vous recevrez un coup de pied de cheval qui mettra vos jours en danger.

Sabre. — La violence de votre caractère empêche qu'on ait de l'affection pour vous.

Sac. — Le bien mal acquis ne profite pas.

Sacrilége. — Projets méchants, inavouables.

Sage-femme. — Nombreuse famille, position peu aisée.

Saigner. — Les rêves où il s'agit de sang indiquent toujours un grand trouble d'esprit et un mauvais état de santé.

Saindoux. — La douceur vous attirera l'affection de tout le monde.

Saints ou Saintes. — Vos enfants seront méchants comme le diable.

Salade. — Joie intime, bonheur conjugal.

Salaisons.—Plaisirs mêlés d'amertume et de regrets.

Sanglier. — Ennemi puissant difficile à vaincre.

Sangsues. — N'empruntez jamais aux usuriers.

Sapeur. — Méfiez-vous, toutes les femmes sont ses payses et il leur en conte à toutes.

Sardine. — Travail peu lucratif, mais honorable.

Satin. — Votre luxe vous fait mal juger de tout le monde.

Satyre. — Mauvaises mœurs, mépris public.

Saucisse, Saucissons. — Mauvaise société qui vous perdra de toute manière.

Sauterelles. — Invasion d'ennemis dans le pays, ou récoltes ruinées par des bêtes nuisibles ; malheurs publics et privés.

Sauvage. — Vous aurez des enfants d'un caractère difficile ; vous ferez bien de ne pas vous marier.

Savant. — Entourez-vous de gens instruits et honnêtes, vous y gagnerez.

Savates. — La paresse mène à la

SAPEUR.

misère : si vous y tombez, cela sera bien de votre faute.

Savetier. — Travail difficile et mal payé.

Savon. — Affaires embrouillées qui vous feront perdre de l'argent.

Scandale. — Succès dans vos entreprises.

Sceau. — Si vous êtes discret, vous aurez la confiance d'une personne riche qui vous laissera son héritage.

Scie. — Vous aurez la satisfaction du cœur.

Scorpions. — Embûches tendues par de mauvais voisins.

Seau (*vase*). — Redoutez les bavardages de femmes.

Secret. — On parle plus de vous qu'il ne le faudrait pour votre bien.

Séducteur. — Blessure longue à guérir; laissez soupirer, mais ne l'écoutez pas.

Seigle. — Couche laborieuse, mais sans accident.

Sein. — Mariage prochain, ou accouchement.

Semailles. — Richesse et abondance; famille nombreuse.

Séminaire. — Un de vos enfants se fera prêtre.

Sentinelle. — Un cœur pur ne redoute rien, un cœur coupable tremble sans cesse.

SÉRÉNADE.

Sépulcre. — Grand deuil dans la famille.

Sérail. — Votre mari vous trompe avec une grande blonde.

SERINGUE.

Sérénade. — Rendez-vous dangereux; méfiez-vous des airs langoureux et des belles paroles.

Seringue. — Vous épouserez quelqu'un dans la

pharmacie; si vous êtes marié, un de vos enfants sera herboriste.

Sermons. — Vous aurez des visites ennuyeuses et longues.

Serpents. — Rêve funeste.

Serrure. — Vol avec effraction.

Service. — Faites aux autres ce que vous voudriez qu'on vous fît.

Sifflet. — Insulte, ironie, méchancetés.

Signe. — Chagrins inévitables.

Singe. — Infidélité, malices de femme.

Sirop. — Fortune en péril rétablie par un ami.

Sœur. — Amitié inaltérable.

Soie. — Opulence mensongère.

Soldat. — Méfiez-vous des militaires, ils sont coureurs ; ce n'est pas avec lui que vous pourrez réparer votre faute.

Soleil. — Abondance, gloire dans la famille, beaucoup d'enfants.

Somnambule. — Grand danger qui vous menace

Sot. — Ruine réparable par un travail assidu et de la persévérance.

SOLDAT.

Soufflet. — Mauvais conseils qui vous sont suggérés par de faux amis; *en recevoir un,* insulte; — *en donner un,* revanche.

Souliers. — Voyage prochain pour un héritage.

Soupe. — Bonheur domestique; sage économie.

Souper. — Maladie de peau longue et pénible.

Sourcils *qui se touchent.* — Jalousie; — *clair-semés,* faiblesse de caractère; — *bruns,* dureté de cœur; — *blonds,* amour facile.

Sourd. — Confiance sans bornes et mal placée

Souricière. — Danger d'être emprisonné.

Souris. — Dilapidation de fortune, de provisions; gaspillage.

Sous, *les compter.* — Misère; — *en trouver*, note oubliée à payer.

Spectacle. — Gaieté, fête prochaine.

Spectre. — Voyez **Fantôme.**

SOURIS.

Squelette. — Mauvais augure.

Suicide. — Secours imprévu dans un grand malheur.

Suisse. — Fidélité à toute épreuve.

Supplicié. — Honneurs et richesse, mais chagrins domestiques.

Synagogue. — Hypocrisie et mensonge, ne croyez pas ce qu'il vous dit.

T

Tabac *à fumer.* — Folie, désordre; — *à priser*, vieillesse anticipée; — *à chiquer*, paresse.

Tabatière. — Société de vieux amis dévoués.

Table *vide.* — Mauvaise chance; — *pleine*, abondance; — *cassée*, projets marqués.

Tableau. — Amour des beaux-arts.

Tablier. — Vol domestique : vous découvrirez le coupable et vous le ferez punir.

Tabouret. — Fortune rapide par un commerce peu relevé.

Taches. — Réputation attaquée par la médisance.

Taffetas. — Plaisirs bruyants et mondains.

Tailleur. — Vous serez victime d'abus de confiance.

Taillis. — Petits profits par la chasse.

Tambour. — Courage factice; beaucoup de bruit pour peu de chose.

Tapisserie. — Votre intérieur est triste par votre faute; vous manquez d'animation, de gaieté et d'entrain.

Tasse. — Cadeau que vous recevrez prochainement.

Taupe. — Votre amour est mal placé.

Taureaux. — Vous ferez la sottise de vous brouiller avec vos meilleurs amis par jalousie.

TAMBOUR.

Taverne. — Le vin est l'ennemi du ménage.

Teigne. — La propreté est la richesse du pauvre.

Teinture. — Fausse nouvelle qui vous fera faire des démarches ennuyeuses.

Télescope. — Vous vous occupez trop de ce qui se passe chez vos voisins.

Télégraphe. — Lettre d'un parent en voyage.

Témoin. — Procès que vous perdrez.

Tempête. — Danger sans remède.

Tenailles. — Maladies dangereuses; vous y perdrez vos cheveux et vous serez longtemps souffrant.

Ténèbres. — Ingratitude causée par la sottise et l'ignorance.

Tente. — Assurez-vous de la solidité de votre maison; *renversée*, vous perdrez votre place.

Terrasse. — Si c'est un militaire qui fait ce rêve, il arrivera aux grades les plus élevés.

Terre. — Belle et vertueuse épouse; enfants sains et robustes; fortune solide.

Terrine. — Faites des provisions ; les vivres seront chers l'hiver.

Testament. — Maladie grave, mais non mortelle.

TOUR.

Tête de veau. — Imbécillité et orgueil.

Thé. — Dévouement conjugal, amour filial.

Théâtre. — Vous avez des passions dange-reuses.

Thermomètre. — Il aura des sentiments élevés.

Tigre. — Jalousie féroce, haine mortelle.

Tilleul. —Santé robuste due à une grande sobriété.

Toilette. — Achat de lingeet de mobilier.

Toit. — Spéculation dangereuse; n'achetez pas de maison et ne jouez pas à la bourse.

Tombeau. — Vous rencontrerez un amour pur et profond, malheureusement vous n'y répondrez pas.

Tomber. — Prenez garde à la légèreté de conduite.

Tonneaux *vides.* — Inconduite; — *pleins*, prévoyance; — *défoncés*, ruine complète.

Torrent. — Amour impétueux qui vous entraînera.

Tortue. — Votre lenteur vous fera manquer de bonnes occasions.

Tourterelle. — Vous soupirez après un mariage, mais vous attendrez longtemps

Travail. — Succès, réussite en affaires.

Tremblement *de terre.* — Mort ; — *nerveux*, maladie dangereuse.

Trompette. — Vous verrez bientôt celui que vous aimez.

Trou. — Un ami dévoué vous sauvera d'un grand danger e vous n'en serez pas reconnaissant.

Troupeaux. — *En garder*, position difficile, mais lucrative.

Truelles. — Raccommodement de peu de durée.

Truffe. — Une trop bonne nourriture donne de graves maladies; idées lubriques.

Truie *avec ses petits.* — Beaucoup d'enfants.

Truites. — Vous ferez un mariage d'inclination.

Tulipe. — Chute dangereuse pour votre vertu.

TROMPETTE.

Tuteur, Tutelle. — Protection nuisible plutôt qu'utile. Vous vous en affranchirez bientôt.

Tuyaux. — Voyage long et fatigant.

U

Ulcères. — Maladie répugnante; mépris général.

Uniforme. — Gloire, célébrité.

Université. — Vous trouverez ce que vous cherchez.

Urine. — Longue vieillesse et vie tranquille.

Urne. — Ne vous occupez pas trop de politique.

Usine. — Nécessité d'une vie active.

Usurier. — Vous manquez de charité; ruine, détresse.

Ustensile *quelconque.* — Économie, ordre et régularité.

V

Vacances. — On vous donnera congé soit de votre place, soit de votre logement.

Vaccin. — Changement d'affection, bonne santé.

Vaches. — Infidélité, tromperie, fausse amitié.

Vaisseau. — Voyage qui aura des résultats très-avantageux.

Vaisselle. — Pauvreté; — *si on la casse,* brouille dans le ménage.

Valets. — Vous faites des dépenses au-dessus de votre position.

Valeur. — Ne placez pas vos fonds à la légère; préférez un petit intérêt, sans quoi vos capitaux seront aventurés.

Valise. — Petits voyages qui vous coûteront beaucoup d'argent.

Vallée, Vallon. — Existence exempte de tourments.

Valse. — Fête champêtre; amour partagé.

Vase de fleurs. — Vous recevrez un cadeau de grande valeur.

Vautours. — Vous serez victime de l'avarice et de la rapacité.

Veau. — Paresse, nonchalance, vie malheureuse.

Veiller un mort. — Héritage prochain; mort d'un parent.

Veines. — Maladie grave; longue convalescence.

Vengeance. — Vous aurez un procès ruineux.

Vent. — Existence aventureuse.

Ver. — Ennemis qui minent sourdement votre position.

Verdure. — Partie de campagne; beaucoup de plaisirs.

Verglas. — Faute dont vous vous repentirez toute votre vie : vous pouvez l'éviter.

Verjus. — Vous avez le caractère aigre-doux.

Vermine. — Misère amenée par le désordre et l'inconduite.

Verre *plein,* — Bonheur conjugal; — *vide,* vous n'aurez pas d'enfants; — *cassé,* argent perdu au jeu; — *d'eau,* vous recevrez une mauvaise nouvelle; — *de vin,* vous recevrez une visite très-agréable.

Verrou. — On n'a pas besoin de se cacher quand on ne fait rien de mal.

Vers à soie. — Grande prospérité due au commerce.

Vésicatoire, — Mal contagieux.

Vessie. — Votre orgueil sera abaissé.

Vestale. — Fille pieuse et vertueuse.

VERRE D'EAU.

Veste. — Votre mise sordide nuit à votre avancement; *l'ôter,* vous échouerez complétement.

Vêtements. — *En acheter,* misère; — *en vendre,* richesse; *les ôter,* vous en serez pour vos frais.

Veuf, veuve. — Mariage prochain, pas d'enfants.

Viande *crue,* mauvais augure; — *cuite,* fête de famille.

Victoire. — Un de vos enfants deviendra général.

Vieillard. — Considération, sagesse, bons conseils à suivre.

Vieille femme. — Bonheur dans la maison

Vierge. — Vos filles seront d'une beauté remarquable, mais il faudra les marier très-jeunes.

Vif-argent. — Caractère violent qui fera votre malheur.

Village. — Petites misères conjugales.

Ville. — Grands bénéfices dans les affaires.

Vin *rouge*. — Fine santé; — *blanc*, maladies; — *chaud*, infidélités.

Vinaigre. — Jalousie de femme qui vous brouillera avec vos amis.

Violette. — Votre femme sera modeste.

Violon. — Vous ferez bon ménage.

Vision. — Vous aurez un avertissement du ciel.

Visite. — Votre amitié sera partagée.

Voisin. — Caquets, bavardages : méprisez-les.

VOLEUR.

Voix *douce*. — Amourettes; — *aigre*, querelles.

Volant. — Conduite irréfléchie qui vous causera bien des peines.

Voler *dans les airs*. — Vous portez vos vues trop haut, sachez vous contenter de votre position.

Volets. — Vol avec effraction; faux calcul

Voleur. — Infamie, déshonneur.

Vomissement. — Grande contrariété qui vous causera une indigestion.

VOLTIGEUR.

Voyage. — Arrivée imprévue d'une personne aimée.

Vrilles. — Vous serez victime d'un vol.

Vue. — *La perdre*, on vous trompe et ce sont de soi-disants amis.

Voltigeur. — Il a déjà enlevé bien des cœurs : prenez garde.

Wagon. — Départ prochain.

Y

Yacht. — Voyage d'agrément, grandeur prochaine.

Yack. — Fortune par l'agriculture.

Yatagan. — Rivalité mortelle ; voyage en Algérie.

Yeux. — Voyez Œil.

Yole. — Tendresse.

Z

Zèbre. — Caractère indomptable.

Zèle. — Profits légitimes.

Zéphirs. — Femme légère.

Zéro. — Réussite dans le commerce.

Zig-zag. — L'inconstance de votre caractère vous empêchera d'arriver à une position sérieuse.

Zinc. — Vous hériterez d'une maison.

Zizanie. — Concorde dans l'intérieur ; dispute à l'extérieur.

Zodiaque. — Rêve qui annonce de la fatigue d'esprit.

Zone. — Nouvelles maritimes.

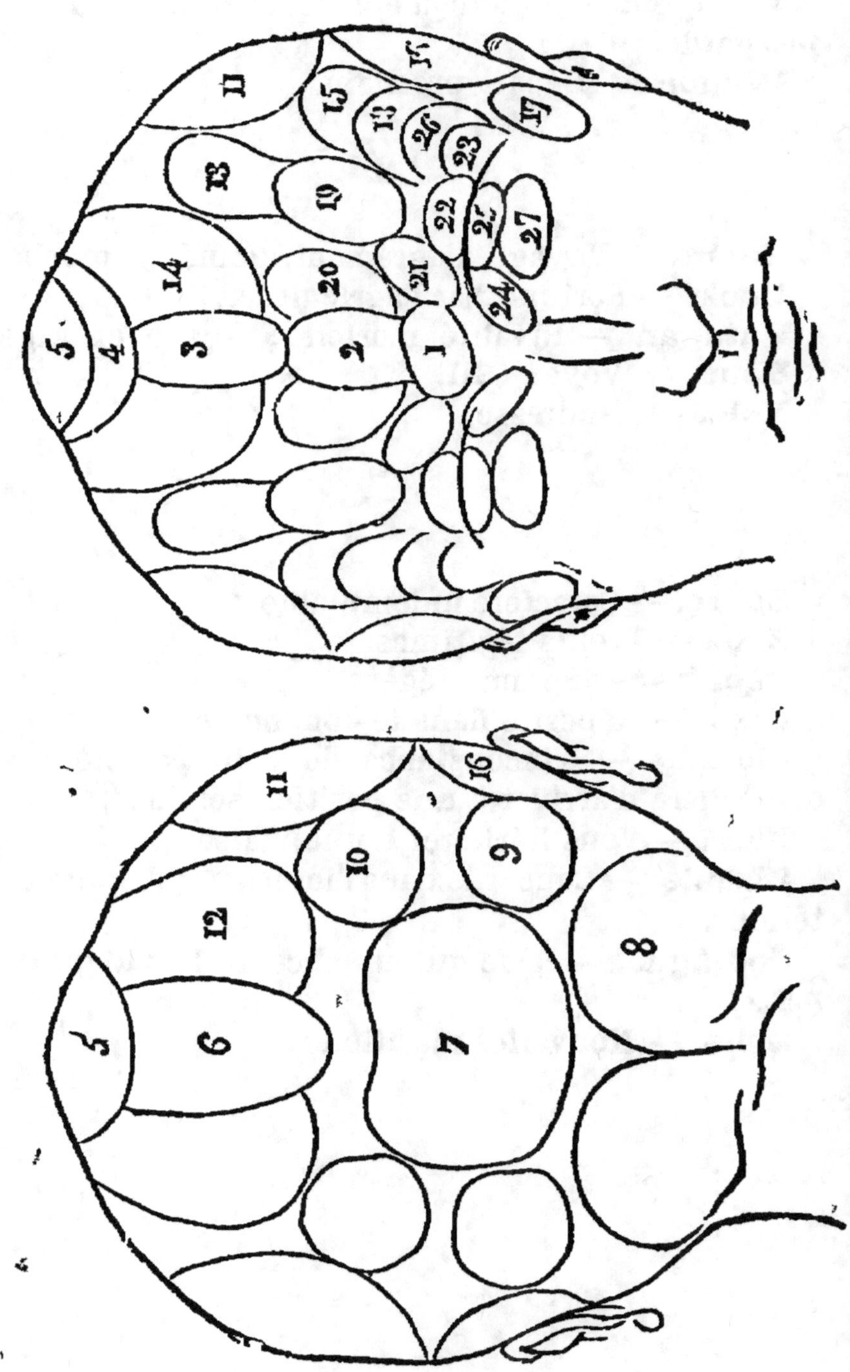

LA PHRÉNOLOGIE

OU

L'ART DE DEVINER LES PASSIONS

D'APRÈS LA CONFORMATION DU CRANE

COMPLÉTÉ PAR L'ÉTUDE DE LA PHYSIONOMIE

C'est au savant médecin Gall, mort à Paris en 1828, que l'on doit l'ingénieux système qui permet de découvrir d'une manière à peu près infaillible les penchants, les passions, les vices et les vertus d'une personne par l'examen attentif et scrupuleux de la conformation du crâne.

Il semble que les femmes, qui par instinct aiment à s'entourer de mystère, aient voulu échapper à cette investigation par la manière dont elles disposent leurs cheveux; les hommes, moins craintifs, laissent au contraire la carrière libre à tout examen de leur crâne.

On ne saurait nier la logique de ce système. Qui de nous en effet n'a été frappé à l'aspect de la tête de tel ou tel personnage? Les gens remarquables soit par leur génie, soit par leurs crimes, ont rarement des têtes régulières et ordinaires; c'est qu'en effet la tête étant le siége de toutes les pensées, de toutes les idées, il est tout naturel que certains lobes du cerveau se développent plus ou moins, selon l'usage plus ou moins fréquent que l'on fait d'une faculté, et que le crâne perd ainsi son uniformité, pour présenter diverses protubérances d'autant plus saillantes que les sentiments qu'elles représentent sont plus forts chez l'individu.

Ce n'est qu'après de longues et sérieuses études, faites sur un nombre immense de gens de tous pays, de tous âges, de toutes conditions, que Gall présenta son système de localisation des facultés de l'homme, qu'il porte au nombre de 27.

Afin de faciliter au lecteur l'étude de cette science fort intéressante et facile à appliquer, nous lui mettons sous les yeux une tête donnant exactement les diverses bosses qui représentent ces 27 facultés. On suivra les numéros tant sur la face postérieure du crâne que sur la face antérieure. Les bosses sont doubles, c'est-à-dire que celles du côté gauche se reproduisent exactement à droite et ont la même signification.

Voici ces 27 facultés :

1° Éducabilité (grande facilité pour s'instruire).
2° Esprit d'observation.
3° Esprit poétique.
4° Bienveillance, amour de la justice.
5° Vénération.
6° Persévérance.
7° Amour des enfants.
8° Faculté génératrice.
9° Amitié.
10° Ambition.
11° Amour du merveilleux, crédulité.
12° Vanité, orgueil.
13° Esprit d'imitation.
14° Conscience, droiture.
15° Esprit de répartie.
16° Penchant à la destruction.
17° Instinct du calcul, des mathématiques.
18° Instinct de la musique, de l'harmonie.
19° Mémoire.

20° Connaissance des localités.

21° — des personnes.

22° — des couleurs, instinct de la peinture.

23° Ordre, économie, avarice.

24° Fermeté, force.

25° Éloquence, facilité d'élocution.

26° Sentiments religieux.

27° Mémoire des mots.

Il va sans dire que toutes ces protubérances ne se trouvent pas réunies sur la même tête; mais il est des gens chez lesquels plusieurs de ces bosses sont tellement remarquables qu'elles sautent aux yeux des gens les moins clairvoyants. Chez certains criminels, les bosses 16, qui représentent l'esprit de destruction, sont si fortes, qu'elles rendent la tête presque difforme. Les gens qui n'aiment pas les enfants ont la tête plate par derrière et faisant presque une ligne droite avec le cou; la bosse 7 leur fait complétement défaut.

L'étude de la Phrénologie se complète par celle de la Physionomie.

Les yeux longs et taillés en amande indiquent un caractère nonchalant, mélancolique et tendre.

Les yeux ronds et gros annoncent de la vivacité, de l'esprit, mais de la légèreté et de l'indiscrétion.

Les yeux enfoncés dans l'orbite sont le signe de passions violentes et mauvaises. Les yeux louches annoncent rarement un bon caractère.

En général, ayez confiance dans ceux dont le regard est droit, limpide sans être effronté, et défiez-vous au contraire de ceux qui ne regardent jamais en face et semblent fuir vos yeux.

Les petits yeux sont l'indice d'un caractère vindicatif et entêté, d'un cœur sec, d'un esprit égoïste.

Si les yeux sont peu ouverts, avec des paupières lourdes et tombantes, c'est l'indice d'un caractère nonchalant, d'un esprit qui manque de franchise; au

contraire, des yeux grands, bien ouverts, aux paupières minces et bien veinées, annoncent un esprit vif,
un cœur ardent, une imagination active, une âme généreuse.

Un nez rond indique un caractère faible, un tempérament sensuel, surtout si l'extrémité est un peu
rouge et que les narines soient ouvertes.

Un nez long et mince annonce l'entêtement, l'esprit
caustique, la curiosité, et la sécheresse du cœur; si le
nez se courbe vers l'extrémité, on aura un esprit borné,
et cependant beaucoup d'aptitude pour les sciences
exactes.

Un nez court et relevé est l'indice de la ruse, mais
aussi de l'esprit, de l'intelligence et de la gaieté.

Un nez camard dénote l'entêtement uni à la faiblesse d'esprit, un grand amour-propre et l'absence
d'esprit de suite; de plus, un penchant vers la débauche.

Un nez long et gros accompagne toujours une bouche aux lèvres un peu épaisses, et celui qui porte ces
traits est remarquable par sa bonté, sa bienveillance
et son inépuisable charité.

Un front large, de hauteur moyenne et légèrement
bombé annonce un esprit peu ordinaire; ceux qui seront ainsi favorisés deviendront des gens influents;
ils se feront distinguer par leurs mérites et leurs talents et s'élèveront aux plus hautes dignités. Ils seront fermes dans leurs principes et ne dévieront jamais de la ligne droite.

Les fronts étroits et fuyants sont l'indice d'un
esprit borné, d'un cœur froid et d'un tempérament
porté à la débauche.

Ceux qui ont le front élevé, mais fuyant, auront de
l'esprit et de l'imagination; ils seront dépourvus de
prévoyance et d'esprit de conduite; ils feront des
poëtes, mais seront mauvais maris et mauvais pères.

Ceux qui ont le front carré et droit auront le cœur sec; ils seront travailleurs, mais égoïstes; ils parviendront à de belles positions par leur persévérance et ne seront utiles à personne : aussi ne connaîtront-ils ni l'amour ni l'amitié.

Les gens qui ont le front bas et étroit, les cheveux plantés près des sourcils, ont un esprit très-borné, mais ils ont en compensation une grande adresse manuelle, l'amour du travail et de l'économie. Cette même qualité dégénère quelquefois en avarice.

Une grande bouche et des lèvres épaisses sont l'indice du gourmand, du bavard, du menteur, mais du bon enfant.

Une grande bouche ornée de lèvres minces et pâles annonce un cœur faux, égoïste, méchant, un esprit querelleur; c'est le type de la méchante langue.

Une bouche trop petite annonce rarement l'esprit; en général, fiez-vous à celui ou celle qui aura une bouche ni trop grande ni trop petite, avec des lèvres rondes et bien colorées, car c'est le signe d'un bon caractère, d'un cœur aimant, d'un esprit gai, franc et ouvert.

Les dents ont aussi leur signification. Malheur à l'homme qui s'éprendra d'une femme ayant les dents courtes et pointues; aucune fortune ne résiste aux appétits des propriétaires de cette sorte de dents : leur devise est : *courte et bonne.*

Lorsque les canines sont trop fortement prononcées et dépassent le niveau des autres dents, cela annonce des instincts bas et vulgaires, un esprit inconstant.

Des dents un peu fortes, bien blanches, bien rangées sans être trop serrées, sont l'indice d'une bonne santé, d'un caractère égal, d'un esprit droit et ferme.

Les dents écartées annoncent un esprit sans consistance, une intelligence bornée, un cœur froid.

Des dents jaunes sont le signe d'une mauvaise

santé et d'une grande prédisposition à l'avarice; c'est aussi l'indice d'une tendance à la folie.

Un menton rond et pointu annonce un cœur sec, un esprit sardonique.

Un menton long indique la bonté, la sensualité et le manque d'esprit, à moins qu'il ne soit orné d'une fossette.

Le menton de galoche indique la fierté, le courage, mais aussi l'esprit querelleur et le tempérament ardent et voluptueux.

Un menton court et fuyant est l'indice d'un esprit timide et borné, mais d'un cœur aimant et fidèle.

Un menton large et carré décèle l'homme fort, mais manquant de délicatesse dans les sentiments.

Un menton droit de la lèvre inférieure à l'extrémité de la face est le signe de la raideur d'esprit et de la sécheresse de cœur ; il se trouve souvent dans les figures dont le front est droit et raide, les yeux petits et enfoncés, les lèvres minces et peu colorées. Évitez les relations avec les personnes qui porteront ces différents traits. Vous n'en tireriez aucun agrément.

Des oreilles grandes et mal bordées, s'écartant fortement de la tête, indiquent la paresse et la curiosité.

Des oreilles rondes, petites et bien bordées annoncent un esprit studieux, indépendant, un caractère aimable.

Des mains longues, potelées, effilées, sont les indices de la distinction, surtout si les ongles sont roses, fermes et bien taillés à la manière des statues antiques.

Les mains courtes, quoique grasses, les doigts carrés, les ongles mous, marbrés de tâches, mal enchâssés dans la peau, annoncent une nature vulgaire.

Les mains longues, raides, sèches, maigres, ridées, dénotent de mauvais instincts, une nature portée à l'avarice, surtout si les doigts sont crochus.

Les pieds sont presque toujours en rapport avec les mains; suivez de préférence ceux qui sont minces, étroits et bien cambrés, fussent-ils même un peu longs; évitez au contraire les pieds larges, plats, qui ont le talent de déformer toute espèce de chaussure.

Nous ne nous étendrons pas sur les cheveux et les sourcils. Tout le monde sait que les cheveux frisés annoncent la vanité et la luxure; les cheveux soyeux, un esprit doux et aimable; les cheveux roux désignent la médisance, l'envie et la tromperie; les cheveux noirs, la force et le génie; les cheveux blonds, la faiblesse et la tendresse. Enfin les sourcils épais indiquent un grand caractère, une grande énergie; les sourcils clair-semés, l'imagination, mais la légèreté; les sourcils qui se rejoignent, la violence et la jalousie.

En général, les hommes grands, blonds, un peu gras et frais, sont d'un caractère timide, mou, faible, et ont aussi peu d'énergie qu'ils ont de force corporelle.

Les hommes petits, qu'ils soient bruns ou blonds, sont violents, emportés, mais capables d'affections profondes et durables, d'entreprises fécondes et sérieuses; malheureusement, ils sont enclins à la vanité et à la jalousie.

Les hommes grands, bruns et pâles, ne sont actifs, entreprenants, qu'en paroles; en actions, ils sont indolents, indécis, et sont d'autant plus faibles de caractère que leur physique indique plus d'énergie; ils sont vantards, bavards, et pourtant timorés; aiment le plaisir, le luxe, les femmes et la bonne chère.

Les femmes trop grandes ont rarement les qualités de leur sexe; elles se rapprochent, pour les goûts, des hommes, dont elles ont un peu l'apparence.

Les petites femmes, au contraire, sont gracieuses, aimables, charmantes, mais le plus souvent coquettes, querelleuses; elles ont plus d'énergie et de vivacité que les grandes femmes et savent mieux supporter les revers de fortune. Elles sont en général robustes avec une apparence débile. Les blondes sont moins bonnes que les brunes.

Enfin, pour clore ce chapitre, nous conseillerons aux hommes de choisir pour femme une personne de taille moyenne, aux cheveux châtains, aux yeux d'un bleu foncé ou d'un noir velouté, aux sourcils légèrement arqués, au front large et un peu bombé, au nez un peu rond, aux lèvres vermeilles, à la bouche bien fendue garnie de dents blanches, au menton arrondi et orné d'une fossette, et, s'il peut réunir ces différents traits, il sera sûr de jouir de toute la félicité dont il est permis aux hommes de jouir sur la terre.

Aux femmes nous dirons : Prenez un homme d'une taille au-dessus de la moyenne, sans atteindre celle d'un tambour-major; qu'il ait une chevelure souple et un peu ondulé le front élevé, le regard franc, ouvert et un peu hardi, le nez long et droit, la bouche grande et rieuse, la barbe abondante, les sourcils épais, mais non joints; et vous aurez un mari aimant, affectueux, énergique, intelligent, travailleur et constant.

Mais il semble que la nature agisse par contraste. Les grands hommes aiment les petites femmes, les petits hommes, les grandes femmes, et *vice versa*. Les bruns aiment les blondes et les blonds les brunes.

Les violents aiment les faibles, et les timides adorent les emportés. Chacun blâme le choix de son voisin et tombe dans les mêmes fautes, et invariablement vous entendez tous les maris dire en partant de leurs amis : « Je ne sais pas comment il peut vivre avec sa femme; si j'en avais une semblable, il faudrait bien qu'elle change; » et ils ne s'aperçoivent pas que ce qu'ils blâment chez les autres a lieu chez eux.

Le monde a toujours marché ainsi; ce n'est pas moi probablement qui changerai son allure. Néanmoins, chers lecteurs, suivez mes conseils et vous vous en trouverez bien.

DES GRAINS DE BEAUTÉ.

Les grains de beauté sont des taches brunes et rondes, le plus souvent faisant saillie sous l'épiderme, qui se montrent sur les diverses parties du corps et de la figure.

Ces signes sont quelquefois recouverts de poils, et, dans ce cas, ils cessent d'être un ornement; mais lorsqu'ils sont de grosseur moyenne, complétement nus, d'un brun foncé et d'une rondeur parfaite, ils donnent beaucoup de charme et de piquant à la physionomie, surtout s'ils sont placés près de l'œil, au coin de la bouche, soit au-dessus, soit au-dessous.

La mode des mouches ne vint que pour simuler ces signes naturels, et encore aujourd'hui beaucoup de femmes obtiennent facticement des grains de beauté afin de relever l'éclat de leurs yeux et la blancheur de leur teint.

Ce qu'il y a de bizarre, c'est que rarement on a un seul signe. Presque toujours un signe placé dans un endroit apparent a son correspondant situé dans un endroit habituellement dérobé aux yeux du public.

L'étude des grains de beauté est encore bien incomplète. Nous donnerons ici tous les renseignements que nous avons pu recueillir, laissant à chacun le soin de les augmenter par ses observations personnelles.

Un signe placé sur le *haut du front à droite*, annonce que les goûts élevés qu'on a seront satisfaits; honneurs et richesse seront le partage de l'heureux possesseur de ce grain de beauté.

Placé à *gauche*, le même signe annonce les désirs trompés, les ambitions déçues, l'orgueil abaissé par la misère.

S'il est au *milieu du front*, on atteindra une douce-aisance, la considération, l'affection de son entourage, mais jamais une position très-élevée.

Un grain de beauté placé sur le *front*, à peu près au tiers et à droite, indique chez la femme qui le porte une nature violente, passionnée, qui lui fera embrasser une carrière ouverte ordinairement aux hommes.

A la même hauteur à *gauche*, haine violente, caractère vindicatif ; amour de la vengeance, jalousie sauvage.

Si ce grain de beauté n'est pas plus à gauche qu'à droite, la femme qui le porte sera remarquable par son aptitude pour les affaires et sera digne de commander.

Si le grain de beauté occupe exactement le *milieu du front*, on aura une existence régulière et tranquille, une position médiocre, mais sûre.

Un peu plus bas que le juste milieu, bonheur en ménage, beaucoup d'enfants.

Un signe au *milieu des sourcils* indique qu'on aura plusieurs jumeaux ; si le signe est très-brun, les enfants vivront ; si le signe est pâle, blanc plutôt que brun, les enfants mourront presque en naissant.

Si ce signe est placé dans les poils mêmes des sourcils, c'est qu'on se remariera plusieurs fois.

Un grain de beauté placé à *gauche* sur la *narine* est le signe d'un tempérament insatiable en amour ; s'il est placé sur la narine droite, la personne qui le porte sera plus portée vers l'amitié que vers l'amour, excepté si elle porte un signe correspondant dans un endroit secret.

Un signe au coin de la *bouche à gauche* annonce qu'un homme riche vous épousera par amour.

Le même signe placé *à droite* annonce au contraire que les passions vous réduiront à la misère la plus terrible. Si ce signe se trouve sur la *lèvre* même, soit à droite, soit à gauche, on aura beaucoup d'éloquence, mais les envieux vous empêcheront d'arriver à la fortune et aux honneurs.

Un signe placé *au milieu du menton* annonce qu'on occupera une position modeste, mais qu'on jouira d'une douce aisance.

Si ce signe est *à gauche*, on fera plusieurs héritages, mais des procès vous en feront perdre une partie.

Si le signe est *à droite*, on sera enclin à la jalousie et on aura beaucoup de querelles dans son ménage.

Un signe sur la *joue droite* annonce qu'on trompera son mari par la force des circonstances, tout en lui restant fidèle au fond du cœur.

Sur la *joue gauche*, ce signe indique qu'on sera indignement trompé et qu'on aimera sans être payé de retour.

Un signe *sur la langue* est l'apanage des commères ; ceux ou celles qui le portent seront bavards, indiscrets et vantards.

Si le signe est au contraire placé *sous la langue*, celui ou celle qui le porte sera réservé, discret, prudent et de bon conseil ; il aura l'estime et l'affection de tous ; il se fera une fortune lente, mais à l'abri de toutes les aventures.

Un grain de beauté *au cou*, vers l'oreille gauche, présage une grande fortune acquise par des moyens déshonnêtes.

S'il est placé *à droite*, la signification est le contraire.

Placé *au milieu du cou*, juste entre les deux oreilles, ce signe présage le danger d'être pendu ou décapité.

Trois signes sur le cou sont l'indice d'un tempérament fougueux qui devra sa fortune et l'opulence de sa maison à des intrigues galantes. Presque toutes les courtisanes célèbres de l'antiquité et des temps modernes avaient ce triple signe. Toutes réunissaient la grâce, l'esprit et la beauté, trinité de dons représentés par les trois signes.

Un grain de beauté placé sur *l'épaule gauche* annonce qu'on mènera une vie solitaire et cachée et qu'on aura un mari jaloux.

Si ce grain est sur *l'épaule droite*, il présage la captivité la plus rigoureuse, les privations, une mort violente.

Si l'on porte un signe sur *chaque épaule*, on fera des voyages lointains et périlleux d'où l'on reviendra fort riche.

Sous les *aisselles*, ce signe présage qu'on aura un mari complaisant jusqu'à l'aveuglement, amoureux jusqu'à la folie.

Un grain de beauté placé *au milieu de la poitrine* présage la misère, à moins que ce signe soit fort brun et orné de poils courts et frisés.

Placé *sur le sein droit*, un signe annonce un tempérament froid, un cœur indifférent.

Sous le sein droit, il signifie plus encore, c'est-à-dire un caractère haineux, perfide et sournois.

S'il est *sur le sein gauche*, il indique au contraire une nature violente, mais généreuse, aimante et affectueuse.

Sous le sein droit, présage de maladies dangereuses.

Placé *sur le cœur*, un signe a les plus mauvaises significations, surtout s'il est double et garni de poils; fuyez le contact de la personne qui le porte : elle vous sera nuisible et pernicieuse.

Un grain de beauté situé sur le *ventre* est l'indice de la gourmandise et de la sensualité; s'il est garni de poils, celui ou celle qui le porte se livrera d'une manière immodérée à la passion du vin et des liqueurs fortes.

Si on a un grain de beauté placé sur *les reins*, c'est

le présage d'une vie agitée par des travaux pénibles
et peu fructueux, si c'est un homme qui le porte ; il
fera bien de ne pas se marier.

Un signe placé à *la chute des reins* est l'indice d'une
nature bestiale et d'un cœur corrompu ; cependant, si
ce signe est bien rond et d'un beau brun, il devient
au contraire le présage d'une riche nature et d'un
cœur aimant.

Sur *les cuisses*, les signes indiquent une nature pa-
resseuse, indolente et gourmande.

Placés *aux genoux*, les signes indiquent le désir
immodéré de plaire et une grande légèreté d'esprit et
de cœur.

Un grain de beauté *sur le pied* annonce une rare per-
fection de caractère et une grande égalité dans l'humeur ; la femme qui portera ce signe sera le modèle
des mères et des épouses.

Bien différente sera celle qui portera un signe *sous
le pied ;* elle sera volage, inconséquente, aimera par-
dessus toute chose la danse et les plaisirs quels qu'ils
soient.

Un signe sur la *main gauche* annonce qu'on aura
beaucoup d'enfants, à moins qu'il ne soit garni de
petits poils.

Placé à la *main droite*, ce signe indique qu'on arrivera à une grande vieillesse, mais qu'on sera sujet à
beaucoup de maladies.

Sur les doigts de l'une ou l'autre main, les signes
dénotent une nature bonne, mais ordinaire, un esprit
borné ; si les grains sont nombreux, ils décèlent une
grande coquetterie.

Les taches qui apparaissent sur les ongles de quelques personnes ont aussi leur signification ; c'est la couleur qui en détermine le sens.

Les blanches sont d'heureux présage ; *les rouges*
annoncent des embarras dans les affaires ; *les violettes,*

une maladie grave; *les noires*, des dangers imminents, des malheurs affreux.

Les signes qui affectent la forme de fleurs, de feuilles ou de fruits sont d'heureux présage et ceux, au contraire, qui offrent quelque ressemblance avec des animaux ou des têtes d'animaux sont de mauvais augure et indiquent des goûts bas et vulgaires.

Cette liste est sans doute fort incomplète; mais le sujet en est si délicat que le lecteur comprendra nos réticences et les approuvera.

LA CHIROMANCIE

ou

L'ART DE LIRE DANS LA MAIN LE PASSÉ, LE PRÉSENT ET L'AVENIR.

Bien des personnes désireuses de connaître l'avenir qui leur est réservé s'adressent, afin de satisfaire cette curiosité bien légitime, soit à des somnambules, soit à des devineresses.

Ces personnes ignorent que nous portons tous avec nous un livre où vient s'imprimer chacun de nos actes; où chacun de nos plaisirs, de nos chagrins, chacune de nos maladies laisse sa trace visible, où nos vocations, nos qualités, nos défauts, nos aspirations même s'imprègnent pour ainsi dire; et ce livre n'est autre que notre main, dont chaque ligne, chaque sinuosité, chaque proéminence a sa signification pour quiconque a étudié la CHIROMANCIE.

Prenons donc une main, la main gauche de préférence, parce qu'elle est habituellement moins fatiguée

TABLEAU DES CARACTÈRES POUVANT ÊTRE RECONNUS PAR L'INSPECTION DE LA MAIN.

PLANÈTE	ORGANISATION	CARACTÈRE	PARTIE DE LA MAIN
Saturne.	Bilieuse.	Sérieux, grave, penseur.	Main sèche et maigre, doigts longs et osseux, médius extrêmement long.
Jupiter.	Bilieuse sanguine.	Jovial, bruyant, dominateur, mais loyal et juste.	Main carrée, index carré, long et saillie de la racine de ce doigt large et haute.
Mars.	Sanguin musculaire.	Violent, emporté, brutal.	Mains et doigts massifs, milieu du tranchant de la main (côté du petit doigt) saillant et bombé en demi-cercle.
Vénus.	Nerveuse.	Bon, doux, sensible et âme passionnée.	Belle ligne de cœur, racine du ponce au Mont de Vénus bien prouoncée.
Mercure.	Bilieux nerveux.	Fin, adroit, rusé.	Petit doigts presque aussi long que l'annulaire, saillie de ce doigt tres-haut.
Lune.	Lymphatique.	Mou, indolent, capricieux.	Mollesse de la main et des doigts, saillie du bas de la main (côté du petit doigt) épaisse et molle.
Soleil.	Harmonique.	Grand, généreux, nature d'elite, poëte, artiste.	Toute la main belle, élégante et bien proportionnée. Annulaire très-long, saillie de ce doigt traversée par une ou plusieurs lignes verticales partant de la ligne de cœur.

par le travail et que les lignes en sont plus nettes et mieux dessinées.

Le *pouce* est sous l'influence de Vénus; il représente la volonté, l'intelligence et l'amour.

L'*index* est sous l'influence de Jupiter; il signifie commandement, aplomb.

Le *médium* est sous l'influence de Saturne, c'est le doigt de la fatalité. Malheur à ceux qui l'ont d'une longueur demesurée, surtout si à la racine du doigt se trouve d'une manière prononcée la bosse dite *mont de Saturne!* A ceux-là tout sera contraire; ils verront échouer tous leurs projets, dépérir toutes leurs entreprises.

L'*annulaire* est sous l'influence du soleil ou d'Appollon. C'est le signe du bonheur, de la fortune, de la renommée, de la gloire, des honneurs. Bienheureux sont ceux chez qui un long annulaire est accompagné de la proéminence nommée *mont du Soleil* et qui se trouve à la naissance du doigt! Tout leur réussira, ils seront riches, considérés, comblés d'honneurs, et seront les premiers dans les carrières qu'ils embrasseront.

L'*auriculaire* ou petit doigt est sous l'influence de Mercure; il signifie adresse, finesse, ruse. Ceux qui ont ce doigt long et mince seront surtout aptes au commerce; ils y réussiront, ainsi que dans tous les états manuels; les femmes seront adroites de leurs mains et feront des ouvrages d'une délicatesse merveilleuse.

Une grande ligne partant de l'index ou Jupiter et venant se terminer au dessous du mont de Mercure est la *ligne de cœur* ou du *sentiment*. Plus elle est longue, droite et creusée profondément, plus on est sensible, tendre et affectueux. Évitez ceux qui ont cette ligne à peine tracée et dont le cours est sinueux.

Au-dessous de cette ligne et dans la même direction

est la ligne *de tête* ou des *calculs*. Les mathématiciens l ont d'une longueur et d'une profondeur incroyables.

Entre ces deux lignes, au-dessous du mont de Mercure, se trouve le *mont de Mars*, qui est le symbole de la colère et de la violence.

Une troisième ligne, commençant à la naissance du pouce, l'entourant presque en entier et allant rejoindre la ligne de tête, est la *ligne de vie*. Si cette ligne est droite, régulière et rosée, on aura une vie longue et exempte de maladies. Si au contraire il y a d'autres petites lignes qui croisent la ligne de vie et forment comme des sortes d'îlots, on aura à traverser des accidents qui mettront la vie en danger; mais si la ligne se joint et se continue après ces îlots, c'est qu'on sortira sain et sauf de toutes les catastrophes.

Une quatrième ligne part de celle de vie pour former un triangle avec celle-ci et la ligne de tête; *c'est la ligne de santé*. Au-dessous de cette ligne s'élève le *mont de la Lune* ou de l'imagination; il est surtout saillant chez les poëtes.

Enfin une cinquième ligne traverse la main verticalement, partant presque du poignet pour se diriger vers Saturne et coupant ainsi la ligne de santé, la ligne de tête et la ligne de cœur. Cette ligne, que nous vous souhaitons à tous, chers lecteurs et chères lectrices, c'est la ligne de *chance*, de cette bienheureuse chance qui fait que tout sourit à celui qui la possède et qui fait tourner à son profit même les malheurs de la vie.

Il est une sixième ligne moins bien tracée, moins visible habituellement que les autres; c'est celle des passions. Elle prend naissance au point de rencontre des lignes de chance et de santé; puis, suivant, après une légère déviation, une route parallèle à la ligne de chance, elle traverse également les lignes de tête et de cœur et vient aboutir au mont de Mercure.

Dans le triangle formé par les lignes de tête, de santé et de vie est renfermée la plaine de Mars. C'est de l'étendue de ce triangle que dépendent le plus ou moins de patience et de fermeté des individus.

Nous engageons les jeunes filles, avant de se déterminer pour le choix d'un époux, à bien considérer sa main et à tenir compte surtout de l'étendue de cette plaine de Mars qui représente des qualités indispensables à un époux.

La durée de la vie est marquée par des lignes nommées *rascettes*, qui se trouvent à la naissance du poignet; elles forment comme des bracelets. Chaque bracelet représente trente années d'existence.

Sept planètes se disputant la possession de notre personne, il en est résulté sept caractères bien distincts que l'on peut reconnaître à la conformation de la main et que nous avons disposés en tableau afin d'en faciliter l'étude. Du reste, comme l'emplacement dont nous disposons dans ce volume ne nous permet pas de donner à cette étude tout le développement qu'elle comporte, nous engageons les personnes qu'elle intéresserait à se procurer à la même librairie le volume intitulé : *Ce qu'on voit dans la main*, par A. de Para d'Hermès. Aucune lecture ne peut être à la fois plus attachante et plus profitable.

FIN.

CORBEIL. Typ. et stér. Crété.